böhlau Wien

Ossi Hejlek

SIGMUND FREUD

für Einsteiger

Aus der Böhlau Wien-Serie:
„Wissen mit Pfiff"
Band 1

BÖHLAU VERLAG WIEN • KÖLN • WEIMAR

Die Deutsche Bibliothek – CIP-Einheitsaufnahme
Hejlek, Ossi:
Sigmund Freud für Einsteiger / Ossi Hejlek. –
Wien; Köln; Weimar; Böhlau 1999
(Wissen mit Pfiff, 1)
ISBN 3-205-99057-9

Gedruckt auf umweltfreundlichem, chlor- und säurefreiem Papier.

Druck: Imprint – Ljubljana

SIGMUND FREUD (1856-1939)

AUS DEM LEBEN SIGMUND FREUDS

Die Formel lautet: **„Freude am Wissen“**! Es ist das Ziel der Serie „Wissen mit Pfiff“, interessante Themen der Wissenschaft durch eine zugleich leicht verständliche und andererseits humorvolle Aufbereitung einem breiten Publikum schmackhaft zu machen. Einen leichten und vor allem schnellen Einstieg zu bieten, um auch der „nicht-akademisch“ vorgebildeten Leserschaft einen Überblick über Leben und Werk der ganz Großen unserer Vergangenheit und Gegenwart zu ermöglichen und einen Zugang zur bunten und fesselnden Welt des Wissens zu schaffen.

Ist es nicht so, daß wir alle immer wieder Ausdrücke verwenden, die zwar ein fixer Bestandteil unseres Wortschatzes sind, deren eigentliche Bedeutung uns aber gar nicht bewußt ist?! Denken Sie an Begriffe wie „Ödipus-Komplex“, „Relativität“, „Wahrscheinlichkeitsrechnung“! Natürlich, der eine oder andere hat bereits während seiner Schulzeit in unterschiedlichem Maße davon gehört, darüber gelernt und – wahrscheinlich das meiste wieder vergessen.

Versuchen Sie doch einmal aus dem Stegreif den Begriff „Hysterie“ bzw. das als „hysterisch“ bezeichnete Verhalten zu erklären oder ersuchen Sie jemanden aus Ihrem Bekanntenkreis, nur eine einzige Minute über eine Berühmtheit wie Albert Einstein zu erzählen!
Sie werden feststellen, daß dies vermutlich nur einigen wenigen wirklich gelingen wird. Was aber wiederum bestätigt, daß wir über Dinge, Situationen, Abläufe und Personen sprechen, deren eigentliche Bedeutung,

KANN MIR JETZT ENDLICH EINER SAGEN, WARUM SCHON WIEDER EIN BUCH ÜBER MICH GESCHRIEBEN WIRD?!

Hintergründe und Zusammenhänge uns fast zur Gänze unbekannt sind.

Es ist in unserer Leistungsgesellschaft fast ein Muß, über alles Bescheid zu wissen, mitreden zu können, die kunstvoll eingesetzten Fremdwörter seiner Gesprächspartner richtig deuten zu können, Schwächen zu verbergen und sich geschickt über Wissens-Engpässe zu manövrieren.
Haben Sie sich nicht schon manchmal gedacht, „Zum Glück wurde bei dieser oder jener Aussage von mir nicht näher nachgefragt!", oder „Ich habe eigentlich überhaupt keine Ahnung, was mein Gegenüber mit einem bestimmten Begriff meint, aber – nur nicht anmerken lassen!"? Ja, es ist ein **ungeschriebenes Gesetz**, daß viele der Meinung sind, durch unverständliche und elitäre Aussagen in ihrem Umfeld höhere Wertschätzung zu erlangen. Leider ist dieses Verhalten allzu sehr verbreitet.

Gehen Sie auf eine Ausstellungseröffnung, die nächste Vernissage und lauschen sie den Worten der scheinbar „fachkundigen" Bewunderer. Eigentlich müßten Sie beim Zuhören entweder in Lachkrämpfe ausbrechen oder vor Übelkeit das Weite suchen.

„ES LEBE DIE OBERFLÄCHLICHKEIT!"

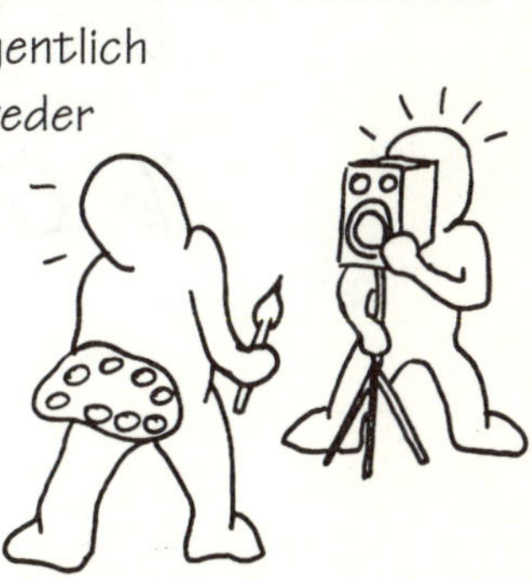

Wäre es nicht viel wertvoller für unsere Gesellschaft, wenn diejenigen, die der Meinung sind, **wirklich** „zu wissen", ihren Mitmenschen die Hintergründe näherzubringen versuchen? Und zwar nicht mit ihren eigenen fachspezifischen Erklärungen, sondern mit den einfachen und verständlichen Worten aus der Welt des Zuhörers, des Lesers und Betrachters. Es gibt sie, diese *wirklich* wertvollen und besonderen Menschen – „Gott sei Dank" – nur viel zu selten!

Beim Vorhaben, einen Blick hinter die „Kulissen des Wissens" zu machen, soll Ihnen dieses Buch zur Seite stehen. Natürlich kann ein einziges Buch nicht das Originalwerk ersetzen, aber es soll Ihnen einen Überblick verschaffen, Sie für das eine oder andere Thema sensibilisieren und Ihnen die Entscheidung erleichtern, ob und wo Sie tiefer in die Welt des Wissens einsteigen möchten.

Viel Vergnügen

Ihr Ossi Hejlek

DIE ERSTEN JAHRE IM MÄHRISCHEN FREIBERG

Mitte des 19. Jahrhunderts, am 6. Mai 1856, wurde Freud in der mährischen Stadt Freiberg, dem heutigen Příbor, geboren. Es war das Todesjahr Heinrich Heines, der später zu den Lieblingsdichtern Freuds zählen sollte.
Sein Vater, Kallamon Jacob Freud, der seinen Sohn unter dem Namen Sigismund Schlomo in der Familienbibel eintrug, war ein eher ärmlicher jüdischer Wollhändler, seine Frau in dritter Ehe, Freuds Mutter Amalia (geb. Nathanson), war um zwanzig Jahre jünger. Sie sollte ihrem Mann nach ihrem ersten Sohn noch sieben weitere Kinder gebären.

* * *

Geboren? Ja! Aber wann?
Über das genaue Geburtsdatum Freuds herrscht Unklarheit (der 6. März oder der 6. Mai 1856). War es die Umrechnung der Daten vom jüdischen zum Gregorianischen Kalender, die Tatsache, daß zwischen der Verehelichung von Freuds Vater mit Amalia und der Geburt Sigmunds keine neun Monate gelegen wären, oder handelte es sich einfach um einen simplen Fehler des Vaters oder des Stadtschreibers?
Entschieden hat man sich letztendlich aber für den 6. Mai.

* * *

Die ersten drei Lebensjahre verbrachte Freud nun also in Freiberg, in der Schlossergasse 117, die mittlerweile, zu Ehren Freuds, in „Freudova ulice“ umbenannt wurde. Es war eine jüdische Gemeinde (deutschsprachig) mit nur wenigen tausend Einwohnern. Freuds Vater bereiste die Hälfte des Jahres Österreich, Ungarn und andere umliegende Gegenden, um seine Ware feilzubieten.

Amalia, die als anmutige Schönheit, autoritär, aber voll der selbstlosen Aufopferung für ihre Kinder beschrieben wird, war es, die ihrem Sohn durch ihre Liebe die Basis

1856 – DAS GEBURTSJAHR SIGMUND FREUDS

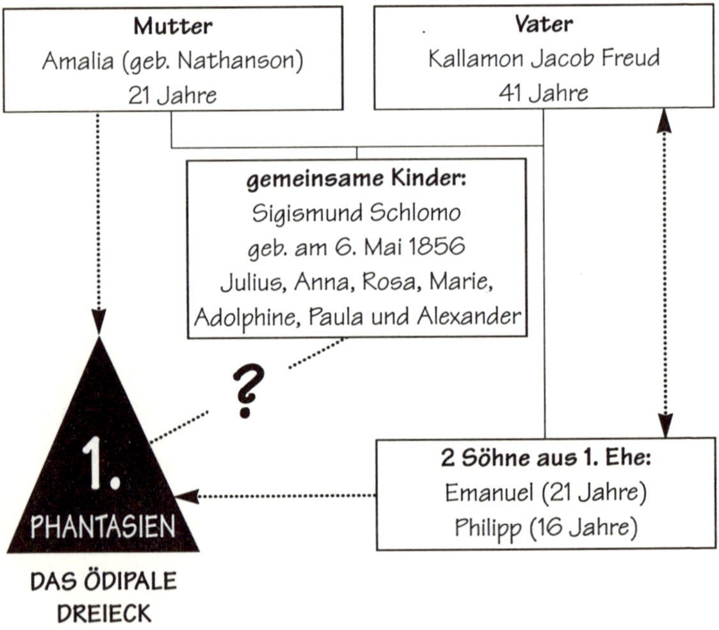

für den späteren Erfolg mit auf den Weg gab. Vom Vater, dem zu der Gruppe der „Wanderjuden" zählenden Handelsreisenden, soll Freud eher die Unbekümmertheit und das humorvolle Wesen geerbt haben.

Eines der ersten einschneidenden Erlebnisse im Leben Freuds war das plötzliche Fernbleiben seiner Kinderfrau, Monica Zajic, der Ehefrau des Hausherren, die wegen

Diebstahls verhaftet worden war. Zu dieser, wie es Freud selbst beschrieb, „prähistorischen Alten“ hatte er eine Mutter-Sohn-ähnliche Beziehung. Sie war es, die ihm in den ersten drei Lebensjahren zur Seite stand, in denen Amalia umgeben von Schwangerschaften, Geburten und Todesfällen zu zerbrechen schien. Eine „zweite Mutter“ also. Nichts Besonderes also, daß sich Freud später gerade mit Persönlichkeiten identifizierte, die ebenso zwei Mütter hatten (Moses, Ödipus, Leonardo da Vinci ...).

Nun, abgesehen von der prägenden Beziehung zu seiner Ersatzmutter, waren es die familiären Verhältnisse selbst, die Freud wohl entscheidend beeinflußten. Die Tatsache, daß seine Mutter eher der Generation seiner Halbbrüder angehörte und ihnen dadurch auch näher stand als ihrem eigenen Ehemann, daß sein Vater bereits Großvater war, als er selbst das Licht der Welt erblickte, die Vermutung, daß seine jüngere Schwester Anna von einem seiner Halbbrüder „in den Leib der Mutter hineinpraktiziert“ worden war ...

IN MUTTERS BAUCH,
WER HÄTT'S GEDACHT,
MEIN BRUDER GAR
EIN KIND GEMACHT?!
MIT MESSERN, ZANGEN,
SPITZEN SACHEN,
ER AN DIE ARBEIT
SICH KONNT' MACHEN!

1859 – DIE REISE BEGINNT! ÜBER LEIPZIG INS WIEN DER GRÜNDERZEIT!

Wirtschaftliche Schwierigkeiten machten es notwendig, Freiberg zu verlassen. Nach einem einjährigen Aufenthalt in Leipzig zog die Familie mit dem fast vierjährigen Sigmund im Jahre 1860 nach Wien, wo er die nächsten 78 Jahre leben sollte. Die beiden bereits erwachsenen Halbbrüder trennten sich von der Familie und versuchten ihr Glück in England.

Es waren die Tage der „Gründerzeit". Wien befand sich gerade in einer großen Umbruchphase. Die Revolutionen des Jahres 1848 waren vergessen und ein deutlicher Wirtschaftsaufschwung war zu verzeichnen. Die ersten

Ringstraßen-Bauten entstanden, nachdem die ehemaligen Befestigungswälle und Basteien geschliffen worden waren. An allen Ecken und Plätzen der Stadt wurde gebaut und erweitert. Die noch vor kurzem außerhalb der Stadtmauer gelegenen Vororte wurden eingemeindet, und aus der einst mittelalterlich anmutenden Stadt wuchs *die* Metropole der Donaumonarchie empor.

Es war aber auch das Wien der Juden, der Tausenden von Familien, die auf die Gleichstellung mit der nichtjüdischen Bevölkerung vertrauten, während in den meisten Teilen der Monarchie noch strengste Isolation und Ghettos verbreitet waren.
Jüdische Geschäftsleute und „Finanz-Genies" trugen das Ihre zum allgemeinen Aufschwung bei und waren bereits nach kurzer Zeit nicht mehr aus dem Wiener Stadtbild wegzudenken.

Bis zum Jahre 1865 erhielt Freud Privatunterricht von seinen Eltern. Danach trat er in das Communal-Realgymnasium (das heutige Sperl-Gymnasium) ein, das sich in der Wiener Leopoldstadt (Taborstraße) befand. Während seines zweiten Schuljahres brach der Krieg zwischen Österreich und Preußen aus (1866, Schlacht bei Königgrätz).

Die Kriegswirren und die nach Wien zurückkehrenden Kriegsveteranen hinterließen tiefe Eindrücke im gerade zehnjährigen Freud, die ihn veranlaßten, selbst Hilfsdienste mit seinen Kameraden zu organisieren.

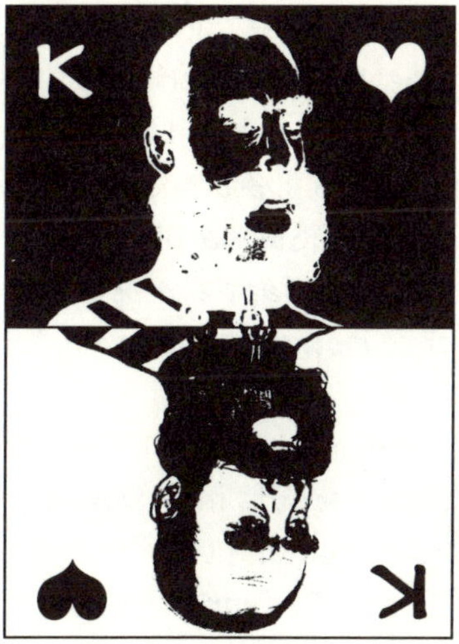

Kaiser Franz Joseph I., geb. 1830, regierte bereits seit 1848. Seine durch die Nachwehen (Hinrichtungen) des Jahres 1848 schwierige Ausgangssituation wuchs durch das ihm von der Bevölkerung entgegengebrachte „Mitleid“ nach einem glimpflich überstandenen Attentat. Die Vermählung mit der jugendlichen Elisabeth von Bayern (1854) war ausschlaggebend für seinen Popularitätsanstieg.

* * *

Ungefähr zu dieser Zeit entschied sich Freud auch, den Vornamen „Sigmund“ anzunehmen. „Schlomo“ war den mittlerweile bürgerlich angepaßten Lebensverhältnissen nicht entsprechend, „Sigismund“ hieß einer seiner Verwandten, und die Verniedlichung „Sigi“ war ihm ohnedies schon immer verhaßt gewesen.

Freud war während seiner gesamten Gymnasialzeit ein Musterschüler gewesen – stets der Klassenbeste. Lediglich in der vierten Klasse ereignete sich ein Zwischenfall, der ihm die Betragensnote „Entsprechend" einbrachte. Mitschüler seiner Klasse, die zwielichtige Lokale besucht und mit Prostituierten verkehrt haben sollen, waren verantwortlich für den „Sitten-Eklat". Freud wurde von einer eigens einberufenen Sonder-Kommission dazu befragt, wußte darüber Bescheid und handelte sich dadurch, wie fast alle seiner Klassenkameraden, die schlechte Betragensnote ein.

Nach der Untermittelschule und seinen ersten Erfahrungen mit dem Umgang der Gesellschaft mit „Sexualität", entschied sich Freud für den humanistischen Zweig und legte im Jahre 1873 seine Reifeprüfung ab.

1856	Freud wird als Sohn von Kallamon Jacob und Amalia (geb. Nathanson) in Freiberg geboren.
1860	Veranlaßt durch wirtschaftliche Schwierigkeiten übersiedelt die Familie nach einem einjährigen Leipzig-Aufenthalt nach Wien.
1865	Freud tritt als Neunjähriger ins Gymnasium ein.
1866	Schlacht bei Königgrätz zwischen Österreich und Preußen.
1873	Freud legt mit Auszeichnung seine Reifeprüfung ab.

BÖRSENKRACH UND CHOLERA SCHMÄLERN DEN ERFOLG DER WELTAUSSTELLUNG!

Das Jahr der Weltausstellung in Wien, 1873. Die in prachtvollem Glanz erstrahlende Donaumetropole wollte die Gelegenheit nützen und den vorangegangenen Ausstellungen in London und Paris nacheifern, um den wirtschaftlichen Fortschritt und die kulturelle Entwicklung der gesamten österreichisch-ungarischen Donaumonarchie zur Schau zu stellen. Der Bereich zwischen Lusthaus und Volksprater diente als Areal, und die eigens von Carl Hasenauer errichtete „Rotunde“ stellte den Mittelpunkt der Ausstellung. Ein prachtvoller Bau mit einer unübertroffenen Eisenkonstruktion von 84 m Höhe und einer Spannweite von 180 m.

Doch zwei unvorhersehbare Ereignisse sollten die Euphorie Wiens bremsen und ihre Schatten auf die Weltausstellung werfen.

Der Schwarze Freitag

Die Tore im Prater waren erst einige Tage geöffnet, als am 8./9. Mai ein gewaltiger Krach an der Wiener Börse der Konjunktur der Gründerzeit ein jähes Ende setzte. Eine unvorstellbare wirtschaftliche Krise brach herein, die tausende Betriebe, Händler und Spekulanten in den Ruin führte. Die sich bereits seit Monaten abzeichnende Krisensituation konnte nur durch die unmittelbar bevorstehende Weltausstellung hinausgezögert werden. Die im April von der Creditanstalt fällig gestellten Kredite und die in den ersten Tagen der Ausstellung enttäuschenden Besucherzahlen waren letztendlich ausschlaggebend. Selbst die Stadt Wien, geschwächt durch die Finanzierung des Großereignisses, kämpfte mit ihrer Finanzlage und schaffte es nur mit einem Kredit, die laufenden Beamtengehälter auszuzahlen.

„Die Juden sind schuld! Wer denn sonst?!"

Doch nicht nur die Wirtschaft stand vor neuen Problemen. Der eben noch kaum spürbare Antisemitismus begann im Hintergrund der Schuldfrage massiv zu gedeihen. (**„Es mußte immer einen Schuldigen geben – damals, so wie heute!!!"**)

Die Cholera-Epidemie

✝ Nicht genug mit der wirtschaftlichen Krise, brach zwei Monate später, in den ersten Tagen des Juli 1873, ein gesundheitliches Desaster über Wien herein – die Cholera. Die auch unter dem harmlos tönenden Begriff des Brech-Durchfalls bekannte Krankheit wurde angeblich von einem italienischen Kaufmann eingeschleppt und konnte selbst durch strengste sanitäre Kontrollen und Vorbeugungsmaßnahmen nicht schnell genug eingedämmt werden. Die Cholera forderte in diesen Sommermonaten nahezu **3000 Todesopfer**.
Es ist nur verständlich, daß dieser Ausnahmezustand Ausstellungsbesucher vertrieb und viele davon abhielt, nach Wien zu kommen, was den ersehnten Erfolg maßgeblich schmälerte.

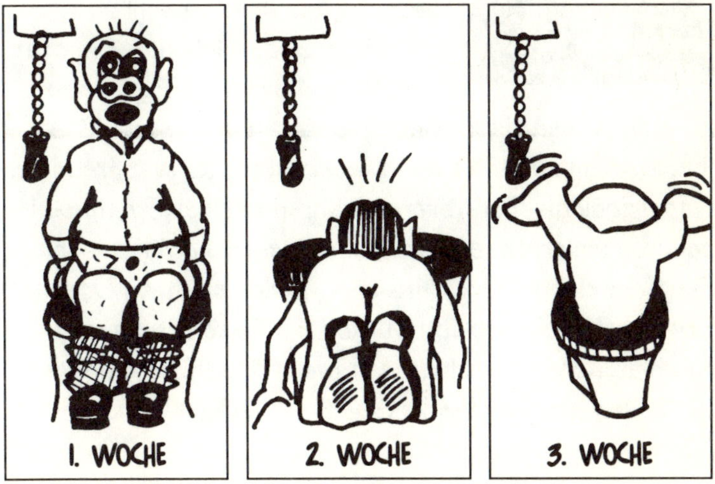

MEDIZIN TRIUMPHIERT ÜBER JURA. SCHULD DARAN IST GOETHE!

Auch die Familie Freud mußte diese schweren Tage in Wien verbringen, da sie nicht wohlhabend genug war, die Stadt zu verlassen, um vor der Cholera zu fliehen. Sigmund Freud sollte noch im selben Jahr an der Wiener Universität die Fachrichtung Medizin inskribieren.

* * *

J. W. v. Goethe

Ursprünglich wollte Freud seinem Weggefährten, dem späteren Politiker Heinrich Braun, nachfolgen und Jura studieren – in der Absicht, selbst Karriere in der Politik zu machen.
Erst seine intensive Auseinandersetzung mit dem fälschlich Goethe zugeschriebenen Elaborat „Die Natur" erschloß Freud den Zugang zu den Naturwissenschaften und veranlaßte ihn, Medizin zu studieren. Diesen Aufsatz, den Freud bei einem zoologischen Vortrag während seiner Gymnasialzeit kennenlernte, schickte der eigentliche Verfasser, der Schweizer Georg Christoph Tobler, einst an Goethe. Erst nach Goethes Tod wurden die Texte in seinem Nachlaß gefunden, als Jugendwerk klassifiziert und in die „Gesammelten Werke Goethes" aufgenommen.

Es war eine neue Ära an der Wiener Medizinischen Schule angebrochen. Persönlichkeiten, wie der überragende Chirurg Theodor Billroth, der gerade neue Krebs-Behandlungstechniken entwickelte, Skoda und Rokitansky, die sich in der Diagnostik verdient gemacht hatten, Theodor Meynert, Gehirnforscher und Wegbereiter der Psychiatrie, leiteten den Aufschwung ein. Sie bereiteten den Boden für die „Zweite Medizinische Schule" (lange Jahre nach der ersten Hochblüte dank der Initiative Kaiserin Maria Theresias und der bedeutenden Errungenschaften Gerard van Swietens), die später auch durch die Theorien Freuds geprägt werden sollte.

KARL VON ROKITANSKY, JOSEF SKODA, THEODOR BILLROTH

Behandlungstechniken wurden verbessert, medizinische Geräte (Blutdruckmesser, Gastroskop ...) erfunden und die erste Augenklinik der Welt in Wien gegründet.

Im Jahre 1876 unternahm Freud zwei Studienreisen nach Triest, wo er an zoologischen Studien arbeitete und seine erste wissenschaftliche Abhandlung verfaßte: **„Die Geschlechtsorgane der Aale“.**

KURZE ZEIT SPÄTER ...
!
... BEI DEN ERSTEN VERSUCHEN IM PHYSIOLOGISCHEN LABOR
VON ERNST W. V. BRÜCKE.

Am Institut Professor Ernst Wilhelm von Brückes hatte Freud die Fächer Histologie und Physiologie belegt und übernahm seine ersten wissenschaftlichen Agenden. Brücke sollte zeitlebens Freuds großes Vorbild bleiben. Bis zum Jahre 1882 forschte und arbeitete Freud mit

ERNST WILHELM V. BRÜCKE

einigen Unterbrechungen in Brückes Laboratorium, wo er auch (im Jahre 1878) den 14 Jahre älteren Facharzt für Innere Medizin, Dr. Josef Breuer, kennen und schätzen lernte. Dieser wurde zu seinem Mentor, väterlichen Berater, seinem Gesprächspartner für wissenschaftliche Überlegungen und vor allem zu seinem langjährigen Freund.
Breuer, der in seiner florierenden Praxis nahezu alle namhaften Mediziner-Kollegen dieser Zeit zu seinen Patienten zählen durfte, war auch im Gesellschaftsleben eine angesehene Persönlichkeit, verkehrte in den renommiertesten Wiener „Salons" und kannte (u.a.) Künstler-Größen wie Arthur Schnitzler, Johannes Brahms und Marie von Ebner-Eschenbach zu seinen Freunden zählen.

Freud war bereits so eitel, daß er sich Visitenkarten mit der Bezeichnung „angehender Mediziner" drucken ließ.

Sigmund Freud
Doktorand der Medizin

DR. JOSEF BREUER, (1842–1925) Sohn eines jüdischen Religionslehrers, maturierte bereits mit 16 Jahren und promovierte mit 22 zum Doktor der Medizin. Die von Billroth vorgeschlagene Ernennung zum „Außerordentlichen Professor“ lehnte er ab, da er sich uneingeschränkt der Behandlung seiner Patienten widmen wollte und dies einer akademischen Karriere vorzog.
Zu seinen bedeutendsten Erkenntnissen und Forschungsergebnissen zählen unter anderem:

- Die Hintergründe der Atemregelung.
- Der Zusammenhang von Gleichgewichtssinn und Ohrlabyrinth.
- Die Kathartische Behandlungsmethode.

* * *

In den Jahren 1879/80 wurde Freud zum einjährigen Militärdienst einberufen und mußte aus diesem Grund sein Medizinstudium unterbrechen. Seine eher langweilige Zeit als militärärztlicher Gehilfe vertrieb sich Freud damit, daß er den 12. Band der Gesammelten Werke des englischen Philosophen Stuart Mills ins Deutsche übersetzte. Den darin enthaltenen Essay über die Emanzipation der Frau konnte Freud, von seiner patriarchischen Betrachtungsweise geleitet, nicht als realistische Zukunftsvision anerkennen. Ganz im Gegenteil, er warnte seine spätere Frau Martha sogar vor dessen Inhalten. Obwohl Freud die Theorien Mills nicht teilte, brachte ihm die Übersetzung allseits Lob und Anerkennung ein.

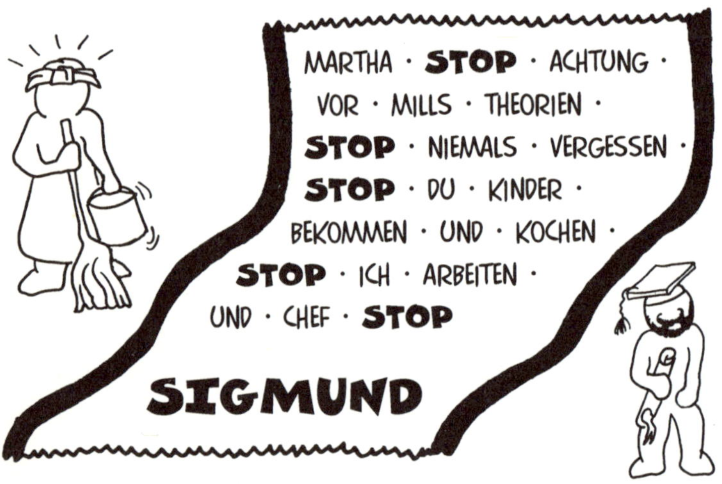

Gleich nach seiner Militärzeit stürzte sich Freud wieder in sein Studium, bestand sein 3. Rigorosum und promovierte am 31. März 1981 zum Doktor der Medizin.

In jener Zeit war es möglich, das Medizinstudium in 10 Semestern abzuschließen – er selbst hingegen promovierte erst im achten Jahr seiner Universitätszeit. Sicherlich war es eine gewisse Gelassenheit, ein

„Durch's-Studium-Schlendern", das an der fast doppelt so langen Studienzeit schuld war.
Zwischen den einzelnen aufgesplitteten Fakultäten lagen damals große Distanzen, die täglich ohne Pferdebahn oder Kutsche zurückgelegt werden mußten, da die alte Universität am Jesuitenplatz seit 1848 geschlossen und die neue Uni an der Ringstraße noch nicht fertiggestellt war.

DER SIGMUND WAR KEIN SCHLENDRIAN, WAR VIELEN SACHEN ZUGETAN.
OB ARBEIT, LIEBE, MILITÄR; ER WAR BESCHÄFTIGT UND ZWAR SCHWER!

1873 Freud beschäftigt sich mit der fälschlich Goethe zugeschriebenen Schrift „Die Natur“ und entschließt sich, Medizin zu studieren.

1873	1. Mai	Eröffnung der Wiener Weltausstellung.
	8./9. Mai	„Schwarzer Freitag“ an der Wiener Börse.
	3. Juli	Ausbruch der Cholera-Epidemie.

1876 Freud beginnt mit seinen Arbeiten im Labor Ernst von Brückes.
Zwei Studienreisen nach Triest.

1878 Beginn der Freundschaft zu Josef Breuer.

1879 Einberufung zum einjährigen Militärdienst.
Übersetzung von Schriften des englischen Philosophen Stuart Mills.

1881 Promotion zum Doktor der Medizin.

VON LIEBE ALLEIN KANN MAN NICHT LEBEN! AUCH DER 26JÄHRIGE SIGMUND NICHT!

Einige Monate nach Freuds Promotion brach am 6. Dezember 1881 im Wiener Ringtheater ein fürchterlicher Brand aus. An die 500 Personen konnten sich in Panik auf die Straßen retten, weitere 400 waren wahrscheinlich binnen 20 Minuten dem Brand und den ausströmenden Gasen zum Opfer gefallen. Grund für den Brand waren Gaslampen in der Dekoration, die sich nicht sofort entzündeten, wodurch eine Menge an Gas ausströmen konnte. Als sich die Lampen Minuten später entzündeten, war die Katastrophe nicht mehr abzuwenden. Das Theater wurde völlig eingeäschert.

Nun, auch Freud ging es nicht besonders gut – er war zwar verliebt, aber ziemlich arm.

MARTHA BERNAYS,
geb. 1861 in Wandsbek bei Hamburg, war die Tochter einer gutbürgerlichen, jüdischen und überaus angesehenen Familie. Die Eltern übersiedelten mit Martha und ihren beiden Geschwistern im Jahre 1869 nach Wien. Nach dem Tod des Vaters mußte Marthas Bruder Eli für den Unterhalt der Familie aufkommen.
Im Jahre 1882 lernte Martha ihren zukünftigen Ehemann bei einer Gesellschaft im Hause der Freuds kennen.

* * *

Bereits zwei Monate nachdem sich Martha und Sigmund kennengelernt hatten, feierten die beiden Verlobung. Jedoch in aller Stille. Weder die Eltern noch die Geschwister waren eingeweiht, lediglich einige Freunde. Grund dafür war, daß eine Ehe erst dann geschlossen werden konnte, wenn die entsprechenden finanziellen Mittel für eine Haushaltsgründung vorhanden waren. Als das Geheimnis auch den Eltern bekannt wurde, bestand Marthas gestrenge Mutter, Emmeline, auf einer räumlichen Trennung während der Verlobungszeit und zog mit ihrer Tochter zu Verwandten zurück nach Wandsbek. Eine Heirat dürfte, ihrer Meinung nach, erst bei einer Fix-Anstellung Freuds in Betracht gezogen werden. Es sollten noch vier Jahre vergehen, bis die beiden Verliebten den Bund der Ehe eingehen konnten.

Freud verdiente gerade genug für sich selbst und lebte stets in den Dienstzimmern der Krankenhäuser und Kliniken, in denen er gerade aushalf. Es mußte etwas geschehen.

Er beugte sich dem Ratschlag seines Mentors Brücke und entschied sich schweren Herzens, seine Karriere als Wissenschaftler aufzugeben und sich auf die Eröffnung einer Privatpraxis vorzubereiten.

Ausschlaggebend dafür mag wohl nicht nur seine allgemeine finanzielle Lage gewesen sein, sondern vielmehr die Absicht, mit seiner Geliebten alsbald eine Familie gründen zu wollen. So verließ Freud das physiologische Laboratorium und begann vorerst als Aspirant, später als Sekundararzt am Wiener Allgemeinen Krankenhaus. Die sanitären und menschlichen „Verhältnisse" im Krankenhaus machten Freud sehr zu schaffen, denn er konnte nicht verstehen, daß einerseits für die

VERARMTER SIGMUND, FAULE MADE,
FÜR DICH IST MARTHA VIEL ZU SCHADE!
ERST WENN DU GELD INS HAUS WIRST BRINGEN,
DIE HOCHZEITSGLOCKEN WERDEN KLINGEN!
$ $ $
EMMELINE – WELCH EIN NAMEN!
SIE SETZT MIR ZU, GOTT HAB ERBARMEN,
ZU SEIN ERFOLGREICH UND GAR FLEISSIG,
DABEI BIN ICH DOCH NICHT 'MAL DREISSIG!

POW
POW
!
NUN GUT, ICH MACH'S,
DA – MEINE HAND,
VERSUCH'S ALS DOKTOR
HIER ZULAND,
ES IST JETZT SCHLUSS
MIT MEINEN FLAUSEN,
LASS' WISSENSCHAFT UND
FORSCHUNG SAUSEN!

DEN WORTEN WILL ICH GLAUBEN SCHENKEN, DOCH ES IST NICHT DARAN ZU DENKEN, ZU BLEIBEN HIER IN WIEN BEI DIR, ZURÜCK NACH DEUTSCHLAND FAHREN WIR!

FRAU MUTTER, BITTE, HALTET EIN, IN WIEN BEI SIGMUND MÖCHT ICH SEIN, UND NICHT IM TRISTEN WANDSBEK WARTEN, BIS ER ERWORBEN HAUS UND GARTEN!

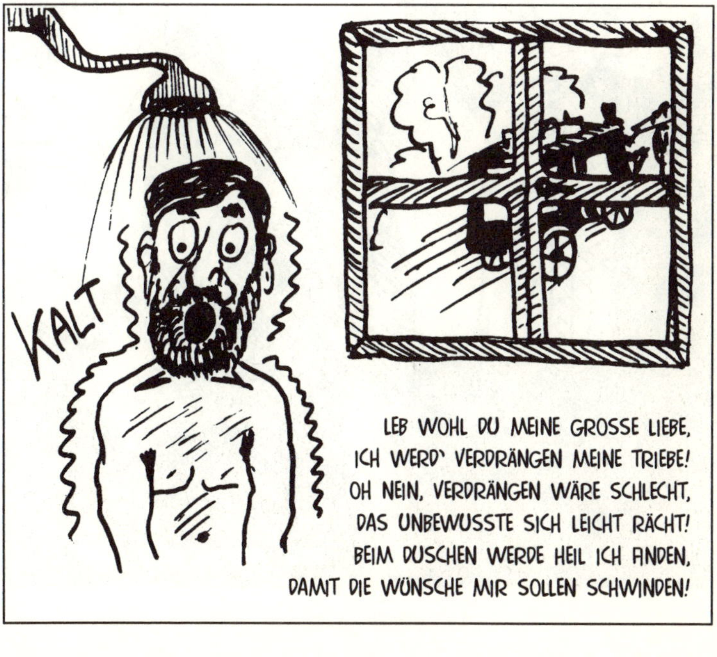
KALT
LEB WOHL DU MEINE GROSSE LIEBE,
ICH WERD' VERDRÄNGEN MEINE TRIEBE!
OH NEIN, VERDRÄNGEN WÄRE SCHLECHT,
DAS UNBEWUSSTE SICH LEICHT RÄCHT!
BEIM DUSCHEN WERDE HEIL ICH FINDEN,
DAMIT DIE WÜNSCHE MIR SOLLEN SCHWINDEN!

Heeresaktivitäten Unsummen leichtfertig ausgegeben wurden, andererseits in vielen Zimmern des Krankenhauses nicht einmal Gaslichter installiert waren. Die Patienten mußten in den langen Wintermonaten bereits ab Nachmittag im Dunkeln liegen, Ärzte bei Kerzenschein operieren und Schwerkranke in sanitär unzulänglich ausgestatteten Räumen ihr Dasein fristen.

Neben dieser schlecht bezahlten Tätigkeit blieb Freud noch genügend Zeit, sich in seinem Spezialgebiet, der Neuropathologie, fortzubilden. Freud begann im Krankenhaus vorerst in der Abteilung des berühmten Internisten Hermann Nothnagel. Im Mai des Jahres 1983 wechselte Freud an die Klinik des Psychiaters Theodor Meynert, der durch seine Gehirnforschung ebenso große Reputation genoß und sich nicht minder um den jungen Sigmund bemühte.

Zwei Jahre später bewarb sich Freud um eine Dozentur für Neuropathologie an der Universität Wien. Unterstützt von Brücke, Nothnagel und Meynert, bestätigte das Ministerium im September 1885 Freuds Ernennung zum Privatdozenten.

KOLLEGE FREUD BETRASCHTET MISCH, WEIL LERNEN KÖNNT IHR SISCHERLISCH, 'YPNOSETESCHNIKEN VON MIR. DENN IN DER PSYSCHE KÖNNEN WIR DEN URSPRUNG FÜR NEUROSEN FINDEN UND NISCHT IN KÖRPERLISCHEN DINGEN!

Daraufhin begab er sich auf eine Studienreise nach Paris, um dort in der „Salpetrière“ bei dem berühmten Jean-Martin Charcot zu lernen. Eben dieser war es auch, der Freud verdeutlichte, daß die Ursachen für Geistespatholgien eher psychischen denn physiologischen Ursprungs wären.

Wieder nach Wien zurückgekehrt, kündigte Freud im Frühjahr 1886 sein Dienstverhältnis im Allgemeinen Krankenhaus und eröffnete in der Rathausstraße 7 seine eigene Praxis.
Und wieder waren es Breuer und Nothnagel, die ihn unterstützten, indem sie ihm regelmäßig Patienten überwiesen. Parallel dazu arbeitete Freud als Neurologe am Kinder-Kranken-Institut von Kassowitz.

Die durchwegs einträgliche Praxis, Geldzuwendungen der Verwandtschaft von Martha sowie Geschenke seiner Freunde machten es möglich, daß das Liebespaar sich nun endlich am 13. September das „Ja-Wort" geben konnte.

Dr. Sigm. Freud
Martha Freud
geb. Bernays.
Vermälte.
Wandsbek 14. September 1886.

Bereits im darauffolgenden Jahr brachte Martha ihr erstes Kind zur Welt, dem fünf weitere folgen sollten:

1887 Mathilde
benannt nach
Dr. Mathilde Breuer.

1889 Jean-Martin
benannt nach
Jean-Martin Charcot.

1891 Oliver
benannt nach dem
Briten Oliver Cromwell.

1892 Ernst
benannt nach Ernst Brücke.

1893 Sophie
benannt nach der Nichte von Freuds
Religionslehrer Hammerschlag.

1895 Anna
benannt nach der Tochter Hammerschlags.

Am 1. Oktober 1886 gab Freud die Eröffnung seiner neuen Praxis bekannt, die sich in seiner Vierzimmer-Wohnung befand.

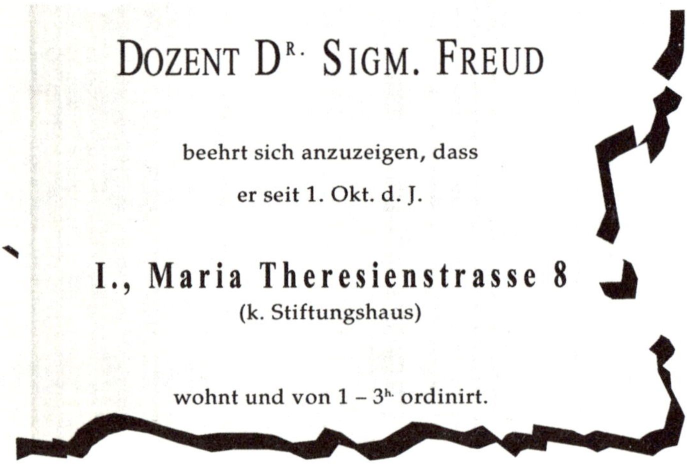

DOZENT D$^{\text{R.}}$ SIGM. FREUD

beehrt sich anzuzeigen, dass

er seit 1. Okt. d. J.

I., Maria Theresienstrasse 8

(k. Stiftungshaus)

wohnt und von 1 – 3$^{\text{h.}}$ ordinirt.

Freud, noch mit den konventionellen Behandlungsmethoden (Elektrotherapie, Bäder ...) arbeitend, begab sich ein zweites Mal nach Frankreich, um in Nancy bei Hippolyte Bernheim zu studieren, einer Kapazität auf dem Gebiet der Hypnosetherapie.

Aus Paris zurückgekehrt, wurde Freud die Ehre zuteil, im Rahmen der **Kaiserlichen Gesellschaft der Ärzte** einen Vortrag zum Thema „Hysterie" zu halten. Doch sollte er weniger ehrenhaft als vielmehr geschmäht an diesem Freitagabend die Akademie der Wissenschaften wieder verlassen.

Wie konnte er als Jungarzt annehmen, vor der ach so beflissenen und „allwissenden" alteingesessenen Kollegenschaft zu bestehen? Er stand vor einem Bollwerk aus konservativen, in Ehren ergrauten „Göttern in Weiß", die es nicht zuließen, sich von einem „Neuling" belehren zu lassen – und dann noch die These, daß Hysterie auch bei Männern auftreten könne, wo doch der Begriff selbst vom griechischen Wort für Gebärmutter abgeleitet wurde ... Nicht genug, daß Freud über ***ausländische*** Praktiken referierte, untergrub er auch noch die „männliche Überlegenheit" gegenüber dem „*hysterischen Geschlecht*".

„Welch' Impertinenz!"

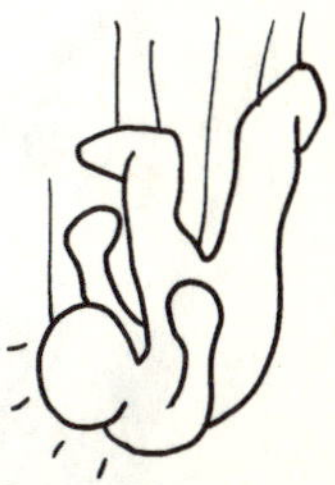

Doch Freud ließ sich von diesem Abend nicht abhalten, dem eingeschlagenen Weg treu zu bleiben. Unbeirrt bemühte er sich, einen „Vorzeigefall" in Wien zu finden, der dem in seinem Vortrag beschriebenen französischen Fall ähneln sollte. Trotz aller Schwierigkeiten gelang es ihm, einen Patienten mit passender Krankengeschichte zu finden. Ein weiterer Vortrag brachte ihm zwar noch nicht den Durchbruch in der Ärztegesellschaft, jedoch blieben zumindest die kritisierenden Zwischenrufe aus, und man applaudierte.

Erst als ein anderer unbekannter Jungarzt einige Zeit später in der „Klinischen Rundschau" Freuds

15. Oktober 1886
in der Kaiserlichen Gesellschaft der Ärzte ...

HERR FREUD SIE SIND EIN JUNGER MANN,
DER GLAUBT, DASS ER GAR ALLES KANN,
ERST WERDEN SIE EIN WEILCHEN ÄLTER,
IHR TEMPERAMENT EIN WENIG KÄLTER!
DANN WERDEN SIE ES SELBER SEHEN -
NUR UNSERE TECHNIK BLEIBT BESTEHEN!
AUCH MÄNNER HYSTERISCH?
DASS ICH NICHT LACHE!
HYSTERIE IST FRAUENSACHE!
DIE ALTEN LEBEN WIE IN TRANCE,
DA HAT EIN JUNGER KEINE CHANCE!
VERHINDERN, STÖREN, WO ES GEHT,
DIE NEIDGESELLSCHAFT HIER BESTEHT.
IN HUNDERT JAHREN SOLLT' ICH LEBEN,
UND DANN MEIN WISSEN WEITERGEBEN!
MEIN DASEIN WÄRE SICHER HEITER,
DENN AUCH DIE MENSCHHEIT
WIRD GESCHEITER!
ODER ...?

Übersetzung des Charcotschen Elaborats nahezu in den Himmel lobte, begann der Name Freud in Wien publik zu werden. Der dafür mitverantwortliche unbekannte Jungarzt war kein anderer als der damals 25jährige

Arthur Schnitzler.

1881	Brand des Wiener Ringtheaters. 400 Menschen kommen ums Leben.
1882	Freud lernt die junge Martha Bernays kennen.
1883	Freud beginnt mit der Tätigkeit am Wiener Allgemeinen Krankenhaus.
1885	Das Ministerium ernennt Freud zum Privatdozenten. Studienreise nach Paris an die Salpetrière zu J.-M. Charcot.
1886	Freud kündigt seine Stellung und eröffnet eine Privatpraxis. *12. September*, Hochzeit mit M. Bernays. Zweite Reise nach Frankreich, um die Hypnosetherapie zu studieren. Zwei Vorträge in der Kaiserlichen Gesellschaft der Ärzte.
1887	Geburt des ersten Kindes, seiner Tochter Mathilde.

COCA – EIN HILFSMITTEL FÜR DEN MORPHIUMENTZUG?

Freuds erste Versuche mit dem damals noch relativ unbekannten Wirkstoff Kokain fanden im Jahre 1884 statt.
Er beabsichtigte mittels intensiver Forschungsarbeiten, den ersehnten wissenschaftlichen Ruhm zu ernten. Dabei machte er vor Selbstversuchen nicht halt, die ihm über die genaue Wirkung von Kokain Aufschluß geben sollten. Dies brachte ihm seitens seiner Kritiker zeitweilig den Ruf ein, vorübergehend kokainabhängig gewesen zu sein und an der euphorischen Wirkung Gefallen gefunden zu haben.

Selbstversuche – ein Verhalten, das bei den indianischen Medizinmännern zur „Ausbildung" zählte – nämlich die verschiedenen Wirkstoffe der Kräuter und Pflanzen am eigenen Leibe zu erleben, um für die geeignete Behandlungswahl ein spezifischeres Wissen zu besitzen und nicht leichtfertig das Leben der Kranken zu gefährden. Selbsterfahrung statt Versuche am Patienten ...

Der Drogencharakter von Kokain war zu dieser Zeit noch nicht bekannt. Freud versuchte daher vergebens, die Morphiumsucht seines Freundes, des Arztes Ernst Fleischl, mittels Kokain-Verabreichung zu kurieren. Seine Veröffentlichungen zu diesen Versuchen wurden von Kollegen angezweifelt und man hielt ihm sogar vor, eine neue Geißel auf die Menschheit loszulassen.
Die Versuche Freuds beschränkten sich aber nicht nur auf seine eigene Person und auf die Kurierung Fleischls; er reichte das „Wundermittel“ auch an Freunde und

Kollegen weiter und sandte es sogar seiner Braut per Post.
Er erkannte, daß bei oraler Einnahme die Zunge taub wurde und behandelte einen seiner Kollegen, als dieser über Zahnschmerzen klagte, indem er ihm einige Tropfen Kokain direkt auf die betroffene Stelle tropfte. Diese Unachtsamkeit und voreilige Erzählungen über seine Forschungsergebnisse sollten ihn kurze Zeit später den Erfolg kosten.

WIEN – DIE GEBURTSSTÄTTE DER LOKALANÄSTHESIE

Von Freuds Theorien begeistert, nützten zwei Kollegen dessen Reise zu Martha aus und begannen selbst mit Kokain zu experimentieren. Der Mediziner Carl Koller war es, dem es gelang, den Einsatz von Kokain für medizinische Zwecke als erster publik zu machen. Er veröffentlichte im Oktober 1884 seine Erkenntnisse in Fachblättern, denen schnell Sensationsmeldungen in allen großen Zeitungen rund um den Erdball folgten. Dabei war das zentrale Thema „die lokalanästhetische Wirkung von Kokain am Auge".

Freud war nicht wenig überrascht, und vor allem verärgert, als er von seiner Reise heimkehrte und feststellen mußte, daß ein anderer unterdessen seine Theorien weitergeführt und dadurch zu „seinem" verhofften und verdienten Ruhm gelangt war.
Er gab es zwar damals noch nicht zu, machte jedoch insgeheim seine Braut Martha dafür verantwortlich, daß er nicht bereits in jungen Jahren die ihm zustehende Anerkennung ernten konnte.

Während Koller seinen Ruhm genoß, mußte Freud harte Kritiken einstecken. Freud indessen widmete sich mehr der psychischen Anwendungsmöglichkeit von Kokain – der Behandlung von Depressionen, Hysterien und ähnlichen Krankheitsbildern.

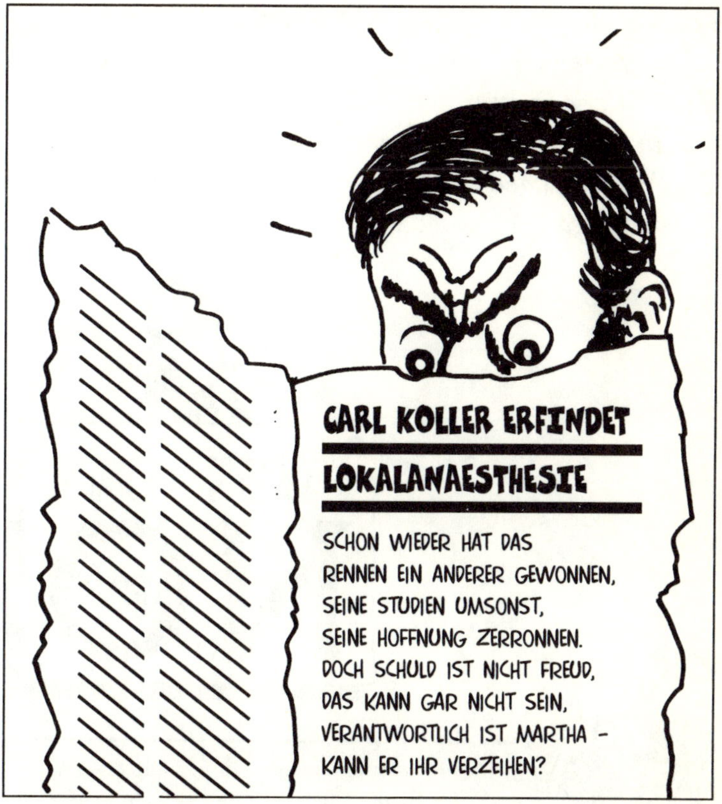

Seinem Freund Fleischl durch die Kokainverabreichungen und die daraus resultierende Abhängigkeit geschadet und nicht geholfen zu haben, verzieh sich Freud nie. Fleischl, bereits im Stadium des Deliriums, verstarb im Jahre 1895.

Freuds nahezu schon fanatische Coca-Verherrlichung brachte ihm auch unter seinen Freuden und ehemaligen Protegés große Kritik ein. Trotz des Widerspruchs der

Kollegenschaft, ließ Freud sich nicht von seiner Überzeugung, den Einflußmöglichkeiten von Kokain auf die menschliche Psyche, abbringen.
So kann man seine intensive Auseinandersetzung mit den Auswirkungen von Kokain als enorm wichtige Periode auf dem Weg zur Psychoanalyse ansehen.

1884 Freud experimentiert mit Kokain an sich selbst und seinem morphiumsüchtigen Freund Ernst Fleischl. Carl Koller gelingt es, auf Freuds Entdeckung aufbauend, Kokain als Lokalanästhetikum zu verwenden und vor Freud zu Ruhm zu gelangen.

1895 Ernst Fleischl stirbt, nachdem er durch Morphium- und Kokainsucht bereits ins Delirium gefallen war.

BERGGASSE 19 – DER NÄCHSTE UMZUG STEHT BEVOR.

Die Familie Freud war inzwischen bereits mit dem dritten Kind, Oliver, gesegnet, als sich Freud im Jahre 1891 entschloß, in ein größeres Domizil, in die Berggasse 19, zu übersiedeln. Die Wohnung hatte Freud von keinem Geringeren als dem Führer der Sozialdemokratischen Partei, Dr. Victor Adler, übernommen.

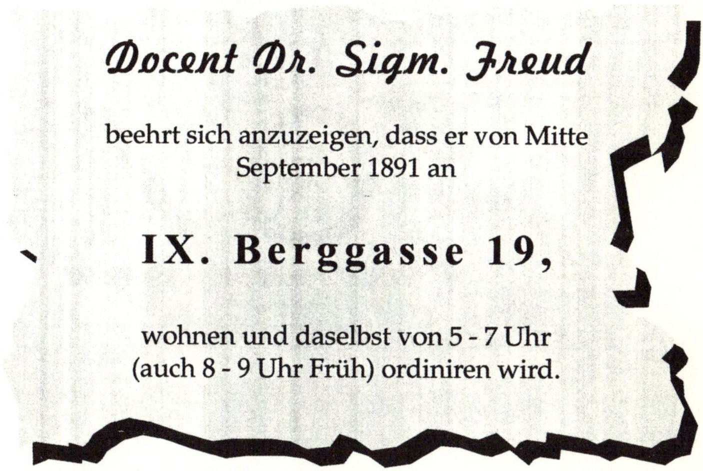
Docent Dr. Sigm. Freud

beehrt sich anzuzeigen, dass er von Mitte September 1891 an

IX. Berggasse 19,

wohnen und daselbst von 5 - 7 Uhr (auch 8 - 9 Uhr Früh) ordiniren wird.

Bereits ein Jahr später erweiterte Freud die Wohnung um den Gartentrakt und wenige Monate darauf um ein zusätzliches Stockwerk. Die Familie bestand 1893 mittlerweile aus sieben Personen, Wohnung und Ordination waren riesig, das Mobiliar spärlich.
Freud befand sich 1895 im 40. Lebensjahr, als Martha ihre dritte Tochter, Anna, zur Welt brachte, ihr

sechstes und letztes Kind. 1895 war auch das Jahr, in dem das mit Breuer gemeinsam verfaßte Werk **„Studien über Hysterie“** erschien. Ein Buch, das später als **„Urbuch“** der Psychoanalyse gelten sollte.

Basis für die „Urbuch“-Theorien war die von Breuer initiierte „Kathartische Behandlungsmethode“. Dabei wurde der Patient in Hypnose versetzt. In diesem Zustand gelang es den an hysterischen Symptomen Leidenden, sich genau an die Ursprünge ihrer Krankheit in allen Details zu erinnern. Wenn es den Patienten dann auch noch gelang, diese einst erlebten und unterdrückten Gefühlsregungen (Affekte) in Worte zu fassen und dadurch die Situation wiederholt zu erleben, dann war es möglich, dadurch auch die Symptome zu kurieren, die

Patienten gleichsam von ihnen zu reinigen. Die Hintergründe der Hysterie beschreibend, sprachen Freud und Breuer auch vom Begriff der Reminiszenzen – Erinnerungen an Situationen mit einer besonderen Bedeutung, in Zusammenhang mit einem vorangegangenen Trauma, einer maßgeblichen seelischen Erschütterung.

Als das Buch erschien, arbeiteten Breuer und Freud bereits nicht mehr zusammen. Die Entdeckung, daß bei der Behandlung zahlreicher Patienten sexuelle Geschehnisse aus der Vergangenheit oder Gegenwart als Ursprung des Leidens erkannt wurden, faszinierte Freud dermaßen, daß er seine weiteren Arbeiten danach ausrichtete. Die damals noch nicht bestätigte Theorie der sexuell bedingten Krankengeschichten als Ursprung der Hysterie erweiterte Freud in den nächsten Jahren auf alle auftretenden Formen der Neurose.

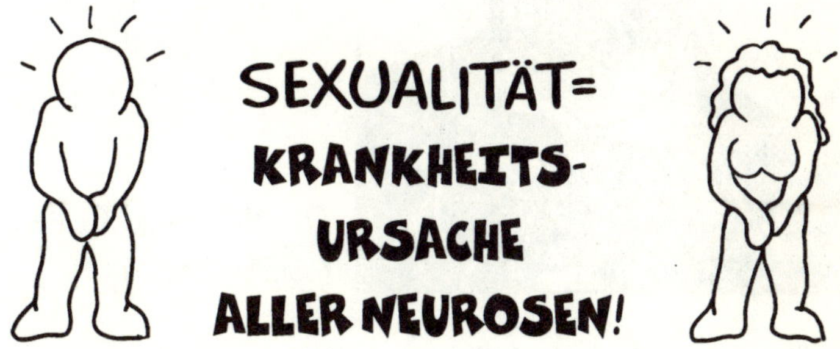

Breuer hingegen wollte sich in seinem fortgeschrittenen Alter nicht mehr auf das damals noch tabuisierte Feld der Sexualität begeben und vorprogrammierten Skandalen entgehen.

„DAS WISSENSCHAFTLICHE MÄRCHEN“: Hysterie basiert ausschließlich auf sexuellem Mißbrauch in der Kindheit!

Eigentlich war in der letzten Zeit bereits ein anderer an die Stelle Breuers getreten – der Berliner Hals-Nasen-Ohren-Facharzt Dr. Wilhelm Fließ, mit dem Freud bereits seit 1887 in regem brieflichem Kontakt stand.

DR. WILHELM FLIESS, (1858–1928)

In Fließ hatte Freud wieder einen treuen und „geeigneten“ Freund gefunden, der ihn bei seinen geistigen Höhenflügen begleiten konnte. Die von Fließ selbst aufgestellte Theorie, daß eine physiologische Verbindung zwischen Nase und Genitalorganen bestünde, war nicht haltbar. Jedoch vertraute ihm Freud uneingeschränkt.

Ob das heute noch kursierende, scherzhaft verwendete Sprichwort: **„An der Nase des Mannes erkennt man seinen Johannes!"** aus dieser Zeit stammt oder vielleicht gar auf die Theorie von Fließ zurückzuführen wäre, ist nicht belegt ...

* * *

Diese „Genitalischen Exkurse" Wilhelm Fließ' und dessen „verrückte" Spekulationen schufen für Freuds kreative Phantasien einen fruchtbaren Boden. Die Wichtigkeit der Freundschaft wurde durch die Isoliertheit, in der Freud sich befand, noch verstärkt, da weder die Wiener Ärzteschaft noch seine Frau an seinen „sexuellen Phantasien" teilhaben wollten.
Es gelang Freud, durch die geistigen Offenbarungen seines Freundes selbst Einsichten und Gedanken zuzulassen, die in seinem eigentlichen, realitätsbetonten Umfeld der Unterdrückung und Verdrängung zum Opfer gefallen wären. Jedoch birgt ein solcher uneingeschränkter kreativer Nährboden auch die Gefahr, sich abgesehen von den positiven Resultaten in falschen und womöglich sogar peinlichen Theorien zu verrennen.

Und so passierte es auch. Freud hielt immer mehr daran fest, daß alle Neurosen nicht nur auf sexuelle Ereignisse, sondern ausschließlich auf sexuellen Mißbrauch im Kindesalter zurückzuführen sind. Er „bedrängte" seine

Patienten, ihm alles in bezug auf deren Sexualleben zu erzählen, in der Hoffnung, seine Theorie bestätigt zu bekommen. Was Freud zu dieser Zeit wichtiger war, **die Heilung oder die Benutzung der Patienten** zu Studienzwecken in „eigener Sache“ (Karriere), bleibt fraglich.

Wieder einmal bestärkt durch Fließ, faßte Freud den Mut, am 21. April 1896 vor dem Verein für Psychiatrie und Neurologie öffentlich zu diesem Thema einen Vortrag zu halten: „Die Ätiologie der Hysterie".

Das Resultat war verheerend. Richard von Krafft-Ebing (Soziologe) betitelte Freuds Ausführungen über den regelmäßigen und ausschließlichen Kindesmißbrauch als Ursache der Hysterie als „wissenschaftliches Märchen". Und mit dieser Ansicht stand er nicht alleine da. Die gesamte versammelte Ärzteschaft reagierte auf diese Theorie mit abschätzigen Kommentaren. Von diesem Moment an hatte Freund in einer verstärkten Isoliertheit zu leben, denn seine Wiener Kollegen wandten sich fast feindselig von ihm ab.

Sechs Monate später, im Oktober des Jahres 1896, starb Freuds Vater Jacob. Inwieweit sich der Verlust des Vaters auf Freuds Psyche ausgewirkt hat, bleibt fraglich.

1891	Die Familie übersiedelt nach der Geburt des Sohnes Oliver in ihr neues Domizil in der Berggasse 19.
1892	Geburt des Sohnes Ernst.
1893	Geburt der Tochter Sophie.
1895	Das mit Breuer gemeinsam verfaßte Werk erscheint: „Studien über Hysterie". Trennung von Breuer. Geburt der Tochter Anna. Intensivierung der Freundschaft zu W. Fließ.
1896	Vortrag zum Thema „Die Ätiologie der Hysterie". Freud stößt beim Auditorium auf gänzliche Ablehnung seiner Theorie. Tod von Freuds Vater.

IN WIEN MÜSSEN DIE BÜRGERMEISTER FÜNF MAL GEWÄHLT WERDEN!

Zum mittlerweile fünften Mal wird Karl Lueger, der Vertreter der Christlichsozialen, vom Gemeinderat im Jahre 1897 zum Bürgermeister von Wien gewählt.

KARL LUEGER

Es begann bereits im Oktober 1895, als Lueger erstmals die Stimmenmehrheit erreichte, aber nicht als Bürgermeister bestätigt wurde. Die sich bis dahin an der Macht befindlichen Liberalen ließen nichts unversucht, um Lueger beim Kaiser in ein schlechtes Licht zu rücken. Selbst als Lueger 1896 bereits zum dritten Mal gewählt wurde, wird er von Kaiser Franz Joseph veranlaßt, auf sein Amt zu verzichten, da er ihm die Bestätigung nicht erteilen könne. Erst nach dem fünften Erfolg konnte auch der Kaiser nicht mehr anders und bestätigte Lueger offiziell als Bürgermeister von Wien.

Mit Karl Lueger war ein neuer Politikertypus an der Macht. Er konnte sich durch seine Volksnähe und beeindruckende Rednergabe des Vertrauens eines großen Teiles der Bevölkerung sicher sein und genoß durch seinen persönlichen Einsatz, seine Fachkenntnis in Fragen der Kommunalpoitik und nicht zuletzt durch sein sou-

veränes Auftreten auch hohes Ansehen in politischen Kreisen. Er war es aber auch, der den Antisemitismus politisch für sich zu nutzen wußte, ja sogar selbst forcierte (!).
Während Lueger mit seinem Amtsantritt beschäftigt war, wurde der Wiener Prater um eine neue Volksattraktion reicher – **das Wiener Riesenrad**.
Am 3. Juli 1897 wurden die Tore der sich auf einer 67m hohen Konstruktion befindlichen 30 Waggons zum ersten Mal geöffnet.

Bis zur ersten Fahrt des Riesenrades war es jedoch ein steiniger Weg für den damaligen Besitzer des Areals, Gabor Steiner. Er war es auch, dem es bereits zwei Jahre zuvor unter der Mithilfe des Malers Ferdinand Moser und des Architekten Oskar Marmorek gelungen war, eine imposante Nachbildung der Stadt Venedig im Prater zu installieren. Die Gondeln, die in eigens angelegten und gefluteten Gräben dahinfuhren, Sänger und Illusionisten waren täuschend echt. Die Beamten des Bauamts waren gegen eine Betriebsgenehmigung für die neue Stahlkonstruktion, jedoch konnte Steiner einige wichtige Personen für sein Vorhaben gewinnen, wodurch es ihm gelang, zumindest eine zeitweilige Erlaubnis für einen „provisorischen Betrieb" des Riesenrads zu erwirken. Ein Provisorium, das bereits über 100 Jahre in Betrieb ist.

Die Donaumetropole konnte dieser Tage aber noch eine Errungenschaft ihr eigen nennen, die Wiener **„ELEKTRISCHE"** – das erste mit Elektrizität betriebene Schienenfahrzeug.

Wie groß auch die technischen Errungenschaften gewesen sein mögen, so gewaltig waren die Verluste im Bereich der Musik. Am 11. Oktober 1896 starb im 72. Lebensjahr der Komponist Anton Bruckner, der stets mit der feindseligen Haltung seiner Wiener Kollegen zu kämpfen hatte, die das Können des aus Oberösterreich („vom Land") stammenden Künstlers nicht entsprechend würdigen wollten. Am 3. April 1897 starb der in Hamburg geborene Johannes Brahms, nur ein Jahr später, am 3. Juni 1899, der Walzerkönig Johann Strauß im Alter von 73 Jahren an Lungenentzündung. Ein weiteres halbes Jahr danach, zu Silvester 1899, verschied der durch den „Bettelstudent" bekannt gewordene Operettenkomponist Karl Millöcker.

Der ebenfalls in Wien lebende Komponist Gustav Mahler wurde 1897 zum künstlerischen Direktor des Wiener Hofoperntheaters ernannt. Im Jahre 1898, nach nur achtmonatiger Bauzeit, wurde ein neues Theater eröffnet, das „Kaiser-Jubiläums-Theater", das heute unter dem Namen „Volksoper" weit über die Grenzen Österreichs bekannt ist. Das 50jährige Regierungsjubiläum Kaiser Franz Josephs diente als Anlaß zur Errichtung.

Auch in der Malerei gab es einige Veränderungen zu verzeichnen. Eine Reihe junger Künstler hatte sich von der Vereinigung bildender Künstler gelöst und die Gruppe der „Secessionisten" gegründet. Zu ihnen gehörten die wohl namhaftesten Vertreter des Jugendstils (Secessionsstils) wie Gustav Klimt, Koloman Moser, Carl Moll, Max Kurzweil ..., die in den Jahren 1898-1903 auch ihre eigene Zeitschrift mit dem Namen

VER SACRUM

herausgaben, bei der auch Künstlergrößen wie Schnitzler, Rilke, Schönberg, Alban Berg und viele andere mitarbeiteten.

Der Architekt Joseph Maria Olbrich stellte im November 1898 die Bauarbeiten zum Gebäude der Künstlergemeinschaft, die „Secession", am Wiener Naschmarkt fertig.

Es herrschte eine wahre Blütezeit im Bereich von Kunst und Kultur – es war aber auch das Wien der Gegensätze. Gab es auf der einen Seite die Adeligen und die „Neureichen“, so stand ihnen ein Kleinbürgertum an Arbeitern und „Untertanen“ gegenüber. Die heute vorherrschende Mittelschicht sollte sich erst entwickeln. Abseits davon existierte aber auch eine „Unterschicht“, Arme und Bettler, die nicht selten in den Ziegelwerken und in der Kanalisation Wiens hausten.

DER ZEIT IHRE KUNST! DER KUNST IHRE FREIHEIT!

1896	Anton Bruckner stirbt am 11. Oktober.
1897	Kaiser Franz Joseph I. bestätigt Karl Lueger, nachdem er zum fünften Mal gewählt wurde, endlich zum Bürgermeister von Wien.
1897	Johannes Brahms stirbt am 3. April. Am 3. Juli wird das Wiener Riesenrad i. Prater eröffnet.
1898	Eröffnung des Kaiser-Jubiläums-Theaters. Fertigstellung der Secession und Gründung der Zeitschrift „Ver sacrum“.
1899	Johann Strauß Sohn stirbt am 3. Juni. Karl Millöcker stirbt am 31. Dezember.

DIE TRÄUME ERMÖGLICHEN DEN ZUGANG ZUR PSYCHE!

Freud hielt noch einige Zeit an seiner sexuellen Verführungstheorie fest, bevor er den Glauben an sie verlor und das mögliche Vorhandensein von unbewußt schlummernden und unerfüllten Wünschen, Ängsten und Phantasien anerkannte. Es war für Freud schier unmöglich, sich seinen eigenen Vater als sexuellen Mißbraucher (Verführer) vorzustellen.

Im Zuge dieses Gesinnungswechsels erinnerte sich Freud bei seinen Selbstbeobachtungen, daß er im Kindesalter in seine Mutter „verliebt" gewesen wäre und seinen Vater eifersüchtig als Rivalen betrachtet hätte.

Er gab dieser Entdeckung, diesem scheinbar häufig vorkommenden Verhalten, den Namen:

ÖDIPUS-KOMPLEX

Diese neue Theorie sollte fortan im Mittelpunkt von Freuds Betrachtungen stehen und im Laufe der Zeit ein fixer Bestandteil der Psychoanalyse werden.

Mit Hilfe seiner Selbstanalyse und seines nach wie vor regen Briefwechsels mit Fließ gelang es Freud, seine Traumtheorien zu spezialisieren, die Deutung der Symbole zu entwickeln und im Jahre 1899 sein Werk „Die Traumdeutung“ fertigzustellen und zu publizieren.

* * *

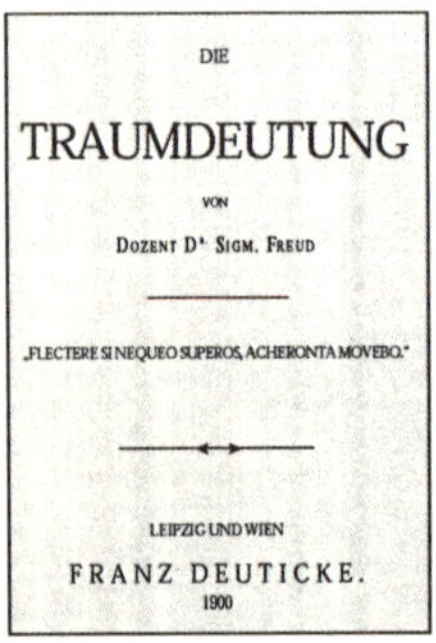
DIE

TRAUMDEUTUNG

VON

DOZENT Dr. SIGM. FREUD

„FLECTERE SI NEQUEO SUPEROS, ACHERONTA MOVEBO.“

LEIPZIG UND WIEN

FRANZ DEUTICKE.

1900

Das Buch verkaufte sich in der Anfangszeit schlecht. Freud vertraute aber darauf, mit seinem Werk eine wahrhaft geniale Niederschrift verfaßt zu haben. Dadurch fiel es ihm leichter zu ertragen, wieder nicht die Anerkennung zu erhalten, die er selbst sich erhofft hatte.

* * *

Freud war sogar derart von sich überzeugt, daß er sich in einem Brief an Fließ vorstellte („erträumte“), ob gar einst an seinem Haus eine Marmor-Gedenktafel angebracht werde, mit folgender Inschrift:

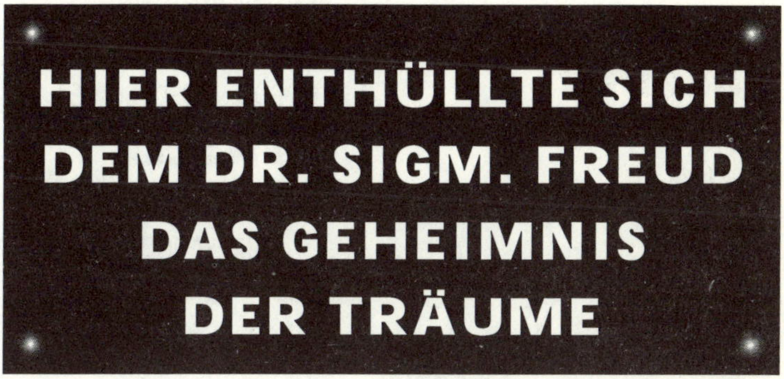

Freud entfernte sich immer mehr von den ausschließlich psychopathologischen (krankhaft-bedingten) Überlegungen und widmete sein Augenmerk dem Bereich der allgemein psychologischen Vorgänge, der „Normalpsychologie", wie er es selbst nannte.

Damit war ein erster großer Schritt in Richtung einer von der Medizin getrennten, eigenen Wissenschaft getan, der Psychologie. Doch dauerte es noch lange Jahre, bis die Psychologie auch als Wissenschaft anerkannt werden sollte.

Im Jahre 1901 veröffentlichte Freud sein Elaborat **„Zur Psychopathologie des Alltagslebens"**, das eine mannigfaltige Sammlung von Fehlleistungen darstellte, wie Vergessen, Versprechen ...

... im Wien der Jahrhundertwende

Der in Wien schwelende Antisemitismus und die noch nicht so lange zurückliegenden Sexual-Theorien waren wohl der Grund, daß Freud zwar 1885 seine Dozentur, bis dato aber noch keine Stellung als Professor an der Universität erhalten hatte. Erst 1902 gelang es ihm, „von seinem hohen Roß etwas herabgestiegen", durch Protektion zum außerordentlichen Titularprofessor ernannt zu werden.

Ungefähr zur gleichen Zeit begannen sich Freud und vier weitere Ärzte regelmäßig, jeden Mittwochabend, in der Berggasse zu treffen und über psychologische Themen zu diskutieren – es waren Rudolf Reitler, Max Kahane, Wilhelm Stekel und Alfred Adler. Bereits im folgenden Jahr gesellte sich Paul Federn zu der in den Anfängen steckenden Mittwoch-Gesellschaft dazu, die der 1908 gegründeten Psychoanalytischen Vereinigung den Weg bereitete und deren Obmann Federn werden sollte.

ALFRED ADLER

PAUL FEDERN

OTTO RANK, SIGMUND FREUD, KARL ABRAHAM

MAX EITINGON, SÁNDOR FERENCZI, ERNEST JONES, HANNS SACHS

Bald folgten auch die ersten „Nicht-Mediziner“, wie Franz Wittels, nach, wodurch die ersten Debatten um die Therapieberechtigung dieser Personen begannen – die große Diskussion über die „Laienanalyse“.

Wittels provozierte durch einen leichtsinnigen öffentlichen Vortrag über die „Fackel-Neurose“ den einst Freud zugewandten Karl Kraus zu pointierten Artikeln gegen die Psychoanalytische Bewegung in seiner Zeitschrift „DIE FACKEL“.

1905 veröffentlichte Freud **„Drei Abhandlungen zur Sexualtheorie“**, in deren Mittelpunkt die kindliche Sexualität und die Trieblehre standen, sowie das aus den Gedanken zur Traumdeutung stammende Werk **„Der Witz und seine Beziehung zum Unbewußten“**.

WENN ICH MEINE PATIENTEN
BEFRAG', WIE OFT SIE ALS
KINDER MASTURBIERTEN,
AM TAG, DANN HÖRE ICH
DIE WAHRHEIT NIE!
SIE SAGEN NUR MEISTENS VOLL SCHAM:

O NA, NIE !

Fließ war es, der in den Erzählungen Freuds über die Traumtheorie immer wieder witzige Passagen erkannte, wodurch er Freud veranlaßte, sich intensiver mit dem Phänomen Witz zu beschäftigen. Basierend auf seiner umfangreichen Witzesammlung und dem mehr als drei Jahrzehnte zuvor erschienenen Werk „Über den Witz" von Kuno Fischer, stellte Freud die These auf, daß der Witz stellvertretend für den Wunsch nach Rückkehr zum Lustgewinn im Kindesalter stünde. Das Verlangen nach Unsinn, aber auch Aggression und Zynismus, wie im jüdischen Witz, sowie das Beschreiben von Situationen, deren Vorhandensein und „In-den-Mund-Nehmen" im Alltag verpönt ist.

1897 Freud verliert den Glauben an die Ausschließlichkeit seiner Verführungstheorie. Er entdeckt den „Ödipus-Komplex".

1899 Veröffentlichung d. „Traumdeutung".

1901 Veröffentlichung von „Zur Psychopathologie des Alltagslebens" und „Über den Traum".

1902 Ernennung zum außerordentlichen Titularprofessor. Gründung der Mittwoch-Gesellschaft.

1905 Veröffentlichung von „Drei Abhandlungen zur Sexualtheorie" und „Der Witz und seine Beziehung zum Unbewußten".

SÄBELRASSELN IM REVIER DER PSYCHOANALYTIKER!

Während Otto Rank offiziell zum Sekretär und Schriftführer der Mittwoch-Gesellschaft berufen wurde, begann 1906 Freuds intensive Beziehung zu Jung, nachdem die Freundschaft zu Fließ mittlerweile abgekühlt war.

DR. CARL GUSTAV JUNG, (1875–1961), lehrte als Dozent für Psychiatrie in Zürich.

Abgesehen von Jung waren es noch andere ausländische Gäste, die Freud immer wieder im Rahmen seiner Gesellschaft begrüßen konnte, beziehungsweise die zu seiner treuen Anhängerschaft zählten. Zu ihnen gehörten unter anderen der aus Budapest stammende Analytiker Sándor Ferenczi (1873–1933), Max Eitingon (1881– 1943) sowie der Engländer Ernest Jones (1879–1958).

Jung besuchte Freud im März des Jahres 1907 in Wien.

Im darauffolgenden Jahr hielt Freud in Salzburg den Vortrag „Der Rattenmann", bei dem er Ernest Jones kennenlernte.

1909 wurde Freud von der Clark University in Worcester das Ehrendoktorat angeboten und man lud ihn zu einer Vortragsreise ein. Freud begab sich noch im September in Begleitung von Jung und Ferenczi nach Amerika, wo man ihn mit offenen Armen empfing.

Ein Jahr später wird in Nürnberg die Internationale Psychoanalytische Vereinigung (IPV) gegründet, zu deren Präsidenten, zur Verwunderung der Wiener Bewegung, Jung gewählt wurde.
Freud, der darin die Chance sah, die Anfangsschwierigkeiten der Psychoanalyse überstanden zu haben, und hoffte, sich nun effizient auf neue Arbeiten stürzen zu können, ahnte noch nicht, daß abermals Schwierigkeiten auf ihn zukamen. Das neue Ärgernis hieß:

ADLER-ADE!

Dr. Alfred Adler, (1870 –1937), Sohn eines jüdischen Händlers aus dem Burgenland, hatte bereits in seiner frühesten Kindheit mit Rachitis zu kämpfen und erlitt während seiner Jugendzeit zwei Unfälle.

Die Folge davon war eine ständig wiederkehrende Todesangst, die mit schweren Erstickungsanfällen einherging. Eben diese Erfahrungen waren es wohl, die Adler dazu bewogen, sich besonders mit der Auswirkung von körperlichen Schwächen auf die Psyche zu beschäftigen.

Adler, einstiger Lieblingsschüler Freuds, war diesem im Bestreben sehr ähnlich, bereits in frühen Jahren schnell zu Ruhm und Anerkennung zu gelangen. Genau da konnte Freud nicht zusehen. Wer nicht für ihn „lebte und dachte", womöglich die Generierung eigener Theorien verfolgte, war nicht erwünscht.

So kam es, daß Adler sich von Freud trennen mußte. Nachdem er bereits eine **„Studie über die Minderwertigkeit von Organen"** veröffentlicht hatte, die im Mittelpunkt das Kompensieren von körperlichen Schwächen und das parallel beobachtete Betonen der Stärken behandelte (Minderwertigkeitskomplex), begann Adler eine eigene Form der Tiefenpsychologie zu

entwickeln. Diese sollte später den Namen **„Individualpsychologie“** tragen.
Im Unterschied zu Freud, der seine Hauptargumentation über den Ursprung von Neurosen auf die Sexualität und das Unbewußte legte, führte Adler somit jede Form von Neurose auf das ursprüngliche Vorhandensein eines Minderwertgkeitsgefühls zurück. Ein weiterer Unterschied war, daß Adler sich nicht nur mit der Vergangenheit seiner Patienten beschäftigte, um darin den Ursprung für psychische Erkrankungen zu suchen, sondern auch deren Wünsche und Vorstellungen für ihre eigene Zukunft analysierte.
Auf dem Wege, seinem Lehrer nachzueifern und wie dieser „Psycho-Jünger“ um sich zu scharen, veranstaltete Adler ab 1911 seine eigenen Gesellschaften, Konkurrenzveranstaltungen, die stets am Donnerstag stattfanden.

MITTWOCH
IST JOUR-FIXE!
* * *
KOMMT IHR ZU SIGMUND FREUD INS HAUS, GEHEN DIE SORGEN EUCH SCHNELL AUS, DENN BEI MIR GIBT'S GUTEN KUCHEN, DARUM SOLLT IHR <u>MICH</u> BESUCHEN!

DONNERSTAG
IST JOUR-FIXE!
* * *
ADLERIANER SEID GEWARNT, BALD HABEN WIR DEN FREUD ENTTARNT.
ER IST NUR VON SEX BESESSEN, BESSER SOLLT IHR BEI <u>MIR</u> ESSEN.

WERBEFELDZÜGE ANNO DAZUMAL (ODER SO ÄHNLICH ...)

Adlers Konkurrenzverhalten ging so weit, daß er alle Thesen Freuds fortan ablehnte und es tunlichst vermied, die bereits verbreiteten Fachbegriffe aus dessen „Lehre“ zu verwenden. Ob eine weitere Zusammenarbeit dieser beiden großen Geister noch mehr hervorgebracht hätte, oder ob es gerade die Rivalität war, die jeden einzelnen anspornte, ist fraglich.

Die Abwendung seines Lieblingsschülers aus frühen Tagen konnte Freud Alfred Adler bis zu dessen Tod nicht verzeihen.

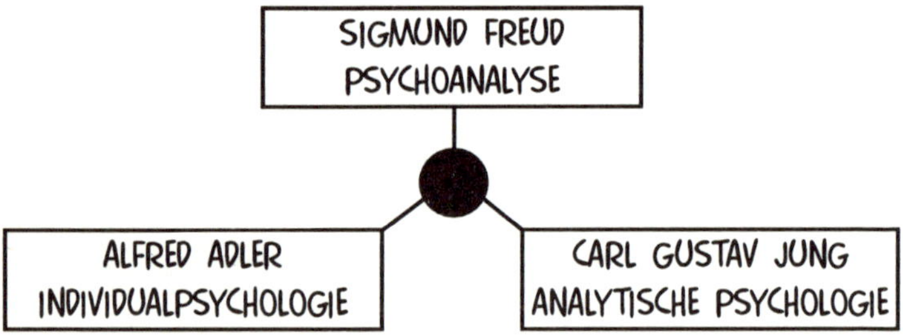

Parallel zur Loslösung Adlers verließ auch der Psychiater Wilhelm Stekel den nährenden Schoß Sigmund Freuds. Wenige Zeit später, im Jahre 1913, folgte auch der Alleingang C. G. Jungs. Dem Zerwürfnis zwischen Freud und Jung ging eine amouröse Affäre zwischen Jung und einer seiner Patientinnen voraus. Dies konnte Freud nicht billigen. Gefolgt von Revier-Rangeleien und nun auch fachspezifischen Unstimmigkeiten kam es unweigerlich zum Bruch.

Bereits im Jahr davor hatten Freud, Jones und Ferenczi die Absicht, Jung als Vorsitzenden der IPV zu entmachten, um danach selbst an dessen Stelle treten zu können. Zu diesem Zwecke gründeteten sie ein geheimes Komitee, dem sich kurz darauf auch Eitingon, Rank und andere Freud-Anhänger anschlossen.
1914 war es dann soweit. Jung trat als Vorsitzender der Internationalen Psychoanalytischen Vereinigung zurück, und Freud ließ nicht lange auf seine Vergeltungsschrift, „Zur Geschichte der psychoanalytischen Bewegung“, warten. Mit ihr trachtete er, Adler, Jung und der IPV heimzuzahlen, mißachtet, nicht entsprechend gewürdigt und verlassen worden zu sein.

STRICTLY TABOO!

C. G. Jungs weitere Entwicklung gebar eine dritte, maßgebliche therapeutische Form, **„Die analytische Psychologie“**. Dabei spielte die Libido eine weniger gewichtige Rolle als bei Freud, eher war sie für Jung eine allgemeine Kraft, ohne besondere sexuelle Ausrichtungen. Weiters vertrat er die Ansicht, daß es das Unbewußte nicht nur in der von Freud beschriebenen Form gäbe, also daß es lediglich auf persönlichen, individuellen Erlebnissen und Verdrängungen basiere.
Es gäbe vielmehr auch ein **„Kollektives Unbewußtes“**, dessen Vorkommensweisen Jung in Form von „Archetypen“ beschrieb und gliederte: Urtümliches, das in uns allen vorkommt und naturgemäß stets in komplementärer Form auftreten kann (Denken – Fühlen, Introvertiertheit – Extrovertiertheit ...).

Die analytische Psychologie versucht weniger Symptome zu behandeln, als mit Hilfe der Traumdeutung ein „seelisches Wachstum“ zu fördern, eine Auseinandersetzung mit dem Unterbewußten.

Für Jung gab es zwei hauptsächliche Ursachen für Neurosen:

- Das bewußte Wahrnehmen einer Minderwertigkeit.

- Die Komplexe.

WAS, IHR WOLLT DEN FREUD VERLASSEN UND EUREN EIGENEN
WEG GAR SUCHEN? IHR WERDET ENDEN AUF DEN STRASSEN
UND DIESEN FEHLER NOCH VERFLUCHEN!
IHR - JUNG UND ADLER SEID VERRÜCKT,
EIN LEBEN OHNE FREUD NICHT GLÜCKT!
STOP
OB LIBIDO, OB ÖDIPUS,
ICH BIN DER MEISTER
UND DAMIT SCHLUSS!

NESTFLUCHT

1906 Erster Briefwechsel zwischen Jung und Freud.

1907 Veröffentlichung von „Der Wahn und die Träume in W. Jensens *Gradiva*".

1908 Jung besucht Freud in Wien. Freud referiert am psychoanalytischen Kongreß in Salzburg. Veröffentlichung von „Über infantile Sexualtheorien", „Charakter und Sexualerotik" und „Die kulturelle Sexualmoral und die moderne Nervosität".

1909 Vortragsreise nach Amerika. Veröffentlichung von „Analyse der Phobie eines fünfjährigen Knaben" und „Charakter und Analerotik".

1910 Psychoanalytischer Kongreß in Nürnberg. Die IPV (Internationale Psychoanalytische Vereinigung) wird gegründet und Jung zu deren Vorsitzenden gewählt. Veröffentlichung von „Über Psychoanalyse" und „Eine Kindheitserinnerung des Leonardo da Vinci".

1911 Bruch mit Adler. Veröffentlichung von „Psychoanalytische Bemerkungen über einen autobiographisch beschriebenen Fall von Paranoia (Dementia Paranoides)".

1912 Erste Differenzen mit Jung. Gründung des geheimen Komitees. Veröffentlichung von „Ratschläge für den Arzt bei der psychoanalytischen Behandlung", „Totem und Tabu".

1913 Bruch mit C. G. Jung.

1914 Jung tritt als Vorsitzender der IPV zurück.

28. JUNI 1914 – ERMORDUNG DES THRONFOLGERPAARES! WIEN JUBELT ÜBER DIE KRIEGSERKLÄRUNG!

Die zwei vorangegangenen Balkankriege (1912 und 1913) hatten zur Folge, daß das Königreich Serbien sein Territorium nahezu verdoppelt hatte. Das nächste Ziel sollte die „Befreiung“ der südslawischen Bevölkerung aus dem Gebiet des österreichisch-ungarischen Bosnien-Herzegowina sein.
Zu dieser Zeit begab sich der österreichische Thronfolger Erzherzog Franz Ferdinand mit seiner Gemahlin Sophie, geb. Chotek, aus Popularitätsgründen nach Sarajevo, um sie dort zu präsentieren. Dabei konnten ihn Attentats-Warnungen nicht abschrecken, da er doch bereits drei Anschläge glimpflich überstanden hatte. Initiiert von der 1911 in Belgrad gegründeten Geheimorganisation

DIE SCHWARZE HAND

kam es unter der Federführung von Oberst Apis zu dem geschichtsträchtigen Attentat am Sonntagvormittag des 28. Juni 1914.
Der Zug war am Bahnhof von Sarajevo eingetroffen, und das Thronfolger-Ehepaar in einen von sechs bereitstehenden Wagen umgestiegen, um zum ersten Empfang geführt zu werden. Bereits nach wenigen Fahrtminuten landete ein Sprengkörper am Verdeck, fiel jedoch auf die Straße und explodierte unter dem nachfolgenden

Wagen. Soldaten und Passanten brachen verletzt zusammen. Der Attentäter war einer von sechs Verschwörern der Schwarzen Hand, die, mit Bomben und Schußwaffen ausgestattet, dem Ehepaar auflauerten. Als der Wagen mit Franz Ferdinand und Sophie beim Rathaus ankam – die beiden hatten den ersten Zwischenfall unversehrt überstanden – entschied Franz Ferdinand verärgert, den Empfang abzubrechen und einen der Verletzten im Krankenhaus aufzusuchen. Franz Ferdinands Wagen, der einen falschen Weg eingeschlagen hatte, mußte wenden. In diesem Augenblick trat Gavrilo Princip, ebenfalls ein Mitglied der Schwarzen Hand, aus der Menge und erschoß den Thronfolger und seine Gemahlin. Als die Wagen die Gouverneurs-Residenz erreichten, waren beide bereits tot.

Kaiser Franz Joseph I. wollte Vergeltung für das Attentat und Serbien, dem Zentrum der Balkanprobleme, einen Denkzettel verpassen. Daher überreichte Österreich-Ungarn am 24. Juli 1914 ein

10-PUNKTE-ULTIMATUM

an Serbien, das dieses innerhalb von 48 Stunden zu erfüllen gehabt hätte. Das Ultimatum enthielt schier unerfüllbare Forderungen, da der Kaiser den Krieg bewußt herbeizuführen gedachte, nach außen hin jedoch das Gesicht waren wollte. Unter anderem sollte bei einer gerichtlichen Untersuchung des Attentats eine österreichisch-ungarische Kommission mitarbeiten dürfen. Dieses Ansinnen war aber gegen die serbische Verfassung und konnte nicht akzeptiert werden. Serbien, in der Hoffnung, einen Krieg noch vermeiden zu können, schlug eine neutrale Untersuchung des Verbrechens durch den Internationalen Gerichtshof in Den Haag vor. Das lehnte der Kaiser jedoch ab.

Am 28. Juli 1914 erklärte Österreich-Ungarn Serbien den Krieg. Deutschland (Kaiser Wilhelm II.) stand Österreich zur Seite, und Rußland, die schützende Hand über den Balkan haltend, mobilisierte seine Streitmacht auf seiten Serbiens. Deutschlands Forderung, die Mobilmachung zu stoppen und der Aufruf an Frankreich, sich neutral zu verhalten, blieben ohne Gehör.

Am 1. August übermittelte Rußland die Kriegserklärung an Deutschland; Frankreich folgte nur wenige Tage später nach.

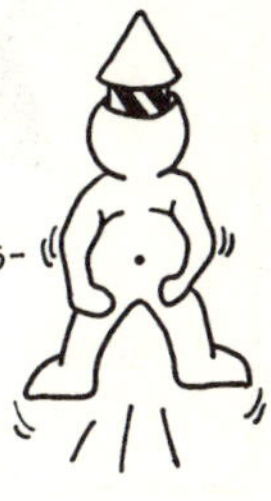

Nach dem Einmarsch deutscher Truppen in Belgien trat auch dessen „Beschützer“, Großbritannien, in den Krieg ein.
Es war ein Krieg, in dem erstmals Technologie, Mechanik und Maschinen eine wichtige Rolle spielten.
Maschinengewehre kamen zum Einsatz, U-Boote verwendeten Torpedos, Flugzeuge warfen Bomben. Es war auch der Krieg, in dem Panzer ihre Premiere hatten und das neue „Wundermittel“ Giftgas zum Einsatz gelangte.

Am 21. November 1916 starb der 86jährige Kaiser Franz Joseph I. in Folge einer Grippe im Schloß Schönbrunn.

Der Kaiser wurde am 30. November feierlich in der Kapuzinergruft am Hohen Markt beigesetzt. Nicht nur von öffentlchen Gebäuden, sondern auch von sehr vielen Privatdomizilen wehten schwarze Trauerfahnen.

WIENER!

LERNT DIE ITALIENER KENNEN!
WENN WIR WOLLTEN, WIR KÖNNTEN GANZE TONNEN VON BOMBEN AUF EUERE STADT HINABWERFEN, ABER WIR SENDEN EUCH NUR EINEN GRUSS DER TRIKOLORE, DER TRIKOLORE DER FREIHEIT.
WIR ITALIENER FÜHREN DEN KRIEG NICHT MIT BÜRGERN, KINDERN, GREISEN UND FRAUEN. WIR FÜHREN DEN KRIEG MIT EUERER REGIERUNG, DEM FEINDE DER NATIONALEN FREIHEIT, MIT EUERER BLINDEN, STARRKÖPFIGEN UND GRAUSAMEN REGIERUNG, DIE EUCH WEDER BROT NOCH FRIEDEN ZU GEBEN VERMAG UND EUCH NUR MIT HASS UND TRÜGERISCHEN HOFFNUNGEN FÜTTERT.

WIENER!

MAN SAGT VON EUCH, DASS IHR INTELLIGENT SEID, JEDOCH SEITDEM IHR DIE PREUSSISCHE UNIFORM ANGEZOGEN HABT IHR SEID AUF DAS NIVEAU EINES BERLINER-GROBIANS HERABGESUNKEN, UND DIE GANZE WELT HAT SICH GEGEN EUCH GEWANDT.
WOLLT IHR DEN KRIEG FORTFÜHREN? TUT ES, WENN IHR SELBSTMORD BEGEHEN WOLLT! WAS HOFFT IHR? DEN ENTSCHEIDUNGSSIEG, DEN EUCH DIE PREUSSISCHEN GENERALE VERSPROCHEN HABEN? IHR ENTSCHEIDUNGSSIEG IST WIE DAS BROT AUS DER UKRAINE: MAN ERWARTET ES UND STIRBT BEVOR ES ANKOMMT.

BÜRGER WIENS!
BEDENKT WAS EUCH ERWARTET UND ERWACHT!

HOCH LEBE DIE FREIHEIT! HOCH LEBE ITALIEN!
HOCH LEBE DIE ENTENTE!

PROPAGANDABLATT, ABGEWORFEN IM AUGUST 1918 ÜBER WIEN.

Im Jahr 1917 zog sich Rußland, das mit der Oktoberrevolution im eigenen Land zu Rande kommen mußte, aus dem Krieg zurück. Amerika hingegen, verärgert durch deutsche U-Boot-Angriffe, trat in den Krieg ein. Im Frühjahr des darauffolgenden Jahres mußten die Deutschen wieder große Verluste hinnehmen, was ihnen, darüber hinaus geschwächt durch Nahrungsmittelnot, den letzten Glauben an eine sinnvolle Weiterführung nahm. Die ersten Rufe nach einer Beendigung des Krieges wurden laut. Zu einem Waffenstillstand kam es aber erst im November. Von Jänner bis Juni 1919 wurde dann in Paris der **Versailler Friedensvertrag** ausgearbeitet.

Der Völkerbund wurde gegründet, Polen war wieder ein eigener Staat, Belgien unabhängig, Jugoslawien und die Tschechoslowakei waren entstanden und Elsaß-Lothringen zu Frankreich gekommen.
Die USA trat nicht, wie vereinbart, dem Völkerbund bei.

An den Versailler Vertrag und an einen lange währenden Frieden glaubten jedoch nur wenige.

„AUF ZWEI MONATE IM VORAUS KANN MAN NICHT PLANEN"

Zu Beginn des Ersten Weltkrieges war Freud 58 Jahre alt. Die euphorische Kriegseintritts-Stimmung, in der sich Österreich-Ungarn befand, schien auch auf ihn übergegangen zu sein und seinen Patriotismus geweckt zu haben. Als er aber Wochen später von Gemetzeln und den Tausenden von Toten erfuhr, verlor er schnell seine Hochstimmung. Alle hatten an einen kurzen, regionalen Krieg geglaubt, in einer Form, wie Bismarck sie mehrmals im 19. Jahrhundert praktiziert hatte. Selbst Freud vertraute darauf, obwohl bereits Krieg war, den für Herbst 1914 angesetzten Psychoanalytischen Kongreß in Leipzig besuchen zu können.

Auch zwei Söhne Freuds, Ernst und Jean-Martin, traten dem Heer zu Beginn des Krieges bei; Oliver wurde aufgrund seiner gesundheitlichen Probleme erst zurückgestellt, gegen Ende des Krieges jedoch auch eingezogen.

FREUD UND SÖHNE UM 1916

Freud befand sich während des Krieges wieder in einer gewissen Isolation – die einen waren im Krieg, die anderen unerreichbar im „feindlichen" Lager und seine Praxis nahezu ohne Patienten. Er widmete sich intensiv seinen wissenschaftlichen Arbeiten, verfaßte in nur wenigen Monaten zwölf Abhandlungen, von denen die meisten verloren gingen und versuchte, die psychoanalytischen Publikationen „IMAGO" und die „INTERNATIONALE ZEITSCHRIFT FÜR PSYCHOANALYSE" am Leben zu erhalten.

Von der Brutalität des Krieges und der Menschheit enttäuscht, veröffentlichte Freud 1915 in „Zeitgemäßes über Krieg und Tod“ seine Theorien über die Sinnhaftigkeit und die Grausamkeit des Krieges. Trotz penibelst arbeitender Zensurstellen gab Freud Meinungen und „Weisheiten“ von sich, die eindeutig ein Angriff gegen Politiker und Staat waren.

Freud hielt Vorlesungen an der Wiener Universität. Er sinnierte über den Krieg und dessen Auswirkungen auf die Psyche, über die naturgemäß in uns allen schlummernde Mordlust und die Tatsache, daß einst als zivilisiert und kultiviert geltende Völker sich in menschenunwürdigen blutigen Gemetzeln dahinschlachteten.
Karl Kraus’

DIE LETZTEN TAGE DER MENSCHHEIT

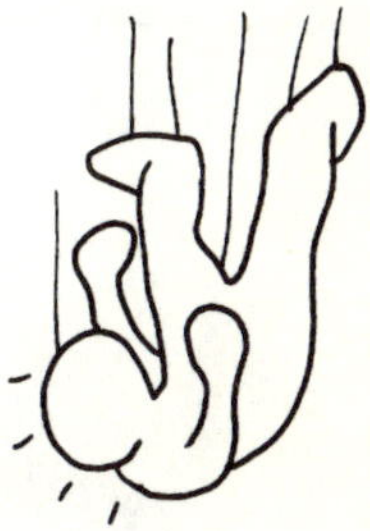

schienen ihren pointierten literarischen Ursprung verlassen zu haben und zur schmerzvollen Realität geworden zu sein.
Je länger der Krieg dauerte, umso schlechter wurde die Nahrungsmittelversorgung und die Beschaffungsmöglichkeit für Brennmaterialien. Nicht selten geschah es, daß Freud frierend in seiner Wohnung saß, einen der zahlreichen Briefe an Ferenczi verfaßte und hin- und

ZU ANFANG DES KRIEGES, WAR GEWISS SICH DIE HERDE,
DASS DAS KÄMPFEN IM FELDE NICHT LANGE ANDAUERN WERDE,
DENN BISMARCK SEIT JAHREN ES VOREXERZIERTE,
DASS BLITZSCHNELLES KÄMPFEN ZUM SIEGE STETS FÜHRTE.

AUCH SIGMUND, WIE ANDERE, ZU BEGINN GAR BEGEISTERT,
JETZT SIEHT ER ES ANDERS, IST VERZWEIFELT UND MEISTERT
SEIN LEBEN NUR SCHWER - GANZ ALLEIN DAS GENIE,
ER STÜRZT SICH IN STUDIEN UND IST FLEISSIG WIE NIE!

ZUR SCHLACHTBANK
?
DOCH WIDER DIE HOFFNUNG,
DER KRIEG DAUERT AN,
JETZT WERDEN GEBRAUCHT
JEDES KIND, JEDER MANN.
VOM FLUGZEUG FALLEN BOMBEN,
AUCH PANZER SIND NEU.
MAN VERLOR ALLE ACHTUNG
UND VORM TÖTEN DIE SCHEU.

BERÜHMT
!
ES FRIEREN DIE MENSCHEN,
HABEN ZU ESSEN KEIN BROT,
DAS SCHLACHTEN VORBEI -
MILLIONEN SIND TOT.
DOCH SIGMUND SCHÖPFT HOFFNUNG,
DENN ER ERFÄHRT MIT ENTZÜCKEN,
DASS INZWISCHEN BERÜHMT ER,
DURCH GUTE FREUNDE IM RÜCKEN!

hergerissen war zwischen resignierender Müdigkeit und Schaffensdrang, zwischen Trauer und Zuversicht. Seine Sorge galt natürlich auch seinen drei Söhnen, auf deren Nachrichten er oft Monate warten mußte, die jedoch letztendlich alle den Krieg heil überstanden.

Freud war nicht wenig überrascht, als er nach Kriegsende erfuhr, daß sein Name und seine Theorien während der letzten Monate, die er in Melancholie in der Wiener Berggasse gefristet hatte, zu „Weltruhm“ gelangt waren. Plötzlich (endlich !) war er ein bekannter und berühmter Wissenschaftler geworden. Seine ehemaligen Schüler und Freunde waren es, die in England und Amerika die Psychoanalyse und damit auch deren Vater Sigmund Freud bekannt gemacht hatten (E. Jones, J. J. Putnam ...).

1918, im letzten Kriegsjahr, starben vier große Künstler der Jahrhundertwende in Wien (eines „natürlichen“ Todes).

EGON SCHIELE

12.6.1890–31.10.1918

GUSTAV KLIMT

16.7.1862–6.2.1918

OTTO WAGNER

13.7.1841–10.4.1918

KOLOMAN MOSER

30.3.1868–18.10.1918

1914 Thronfolger Erherzog Franz Ferdinand und Gemahlin werden Opfer eines Attentats in Sarajevo, das in weiterer Folge den Ersten Weltkrieg auslöst.

1915 In einer Schaffensperiode verfaßt Freud mehrere Abhandlungen.
Veröffentlichung von „Zeitgemäßes über Krieg und Tod", „Triebe und Triebschicksale", „Die Verdrängung und das Unbewußte".

1916 Kaiser Franz Joseph I. stirbt 86jährig im Schloß Schönbrunn. Freud hält Vorlesungen an der Universität Wien.
Veröffentlichung von „Eine Schwierigkeit der Psychoanalyse", „Eine Kindheitserinnerung aus Dichtung und Wahrheit".

1918 Ende des Krieges. Freud, durch Melancholie und finanzielle Nöte gezeichnet, erkennt, daß er und seine Psychoanalyse inzwischen Weltruhm erlangt hatten.
Veröffentlichung von „Aus der Geschichte einer infantilen Neurose".
In Budapest findet der Psychoanalytische Kongreß statt, der sich mit den Auswirkungen des Krieges beschäftigt.
In Wien sterben vier große Künstler:
Otto Wagner, Koloman Moser, Gustav Klimt und Egon Schiele.

„MEINE ERSTE LEIDENSCHAFT WAREN DIE BÜCHER!"

Ein Patient Freuds, der ungarische Geschäftsmann Anton von Freund, unterstützte die durch den Krieg massiv geschwächte Psychoanalytische Vereinigung durch einen hohen Geldbetrag.
Dadurch gelang es Freud, sich von seinem Verleger zu trennen und 1919 den Internationalen Psychoanalytischen Verlag zu gründen.

ANTON VON FREUND, (1880–1920)

Die so gewonnene Unabhängigkeit ermöglichte es Freud fortan, das Verlegen und die Verbreitung seiner Publikationen selbst zu steuern. Und es sollte ihm auch gelingen, im Verlagswesen, einem für ihn völlig neuen Terrain, ebenso beachtliche Erfolge zu erzielen wie in seinem „Hauptfach", der Psychoanalyse.

I'M SINGING IN THE RAIN!
100

Das ohne Zweifel für die Bevölkerung verheerende Erbe des Krieges, die in verschiedenen Formen auftretenden

KRIEGS - NEUROSEN

trugen dazu bei, den Siegeszug der Psychoanalyse voranzutreiben. Denn waren es vor kurzem noch die unmenschlichen Praktiken der Militärpsychologen, so sprach man jetzt allerorts von den Therapieerfolgen der Psychoanalytiker, von Freud und dessen „Schülern". Ausbildungszentren wurden gegründet (das erste in Berlin) und ständig erhielt Freud Besuch aus aller Welt – von Kollegen, die sich den letzten Schliff holen wollten, und von Berühmtheiten, die sich nur beim „Meister" selbst in Therapie begaben.

Prinzessin Marie Bonaparte

1920 verlegte Freud die brisante Abhandlung

JENSEITS DES LUSTPRINZIPS

In diesem Werk ließ Freud den **Todestrieb** Einzug in seine Trieblehre halten, die bislang auf den Ich- und Sexualtrieben basierte. Der Gegensatz von lebenserhaltenden und -zerstörenden Trieben bildete nun die Grundlage für seine Lehre.
Manche führten diese zentrale Auseinandersetzung mit dem Todestrieb auf den im selben Jahr erlittenen Verlust seiner Tochter Sophie zurück.

MASSENPSYCHOLOGIE
UND
ICH-ANALYSE
VON
PROF. SIGM. FREUD

INTERNATIONALER
PSYCHOANALYTISCHER VERLAG G.M.B.H.
LEIPZIG WIEN ZÜRICH
1921

Freud begann nun, sich mehr den großen Gedanken und Zusammenhängen zu widmen, was in seinem 1921 erschienenen Werk „Massenpsychologie und Ich-Analyse“ bereits zum Ausdruck kam.
Er untersuchte dabei anhand zweier Beispiele (Kirche und Heeresverbund), auf welchen Ursprung die herkunfts-unabhängige Bereitschaft zur Unterwerfung zurückzuführen ist, welche Beziehungen und Gefühle in solchen Situationen die Unterworfenen untereinander hegten und welche dem „Führer“ entgegengebracht wurden. Er beschrieb den Zustand ähnlich dem eines sich in Hypnose Befindlichen, der ohne Schuldbewußtsein

Befehle ausführt und sich Anordnungen beugt, die er normalerweise intuitiv und rational ablehnen würde. Freud erkannte, daß einem solchen Verhalten stets eine intensive **Gefühlsbindung** beziehungsweise eine **Identifizierung** mit einer bestimmten Person oder Ideologie vorangehen mußte – eine Art „Liebesbeziehung" auf intensivster Ebene.

HITLER SCHUF ZUR GEFÜHLSBINDUNG EIN FEINDBILD ...

50 N. CHR.
STERBT, IHR CHRISTEN!
1200 N. CHR.
STERBT, IHR UNGLÄUBIGEN!
1700 N. CHR.
STERBT, IHR KETZER UND HEXEN!

NOT

TO BE CONTINUED ?!

1923 wurde bei Sigmund Freud Gaumenkrebs diagnostiziert, woraufhin er sich mehreren schweren Operationen unterziehen mußte.
Im selben Jahr wurde „Das Ich und das Es" veröffentlicht. Damit traten die alten Bezeichnungen Unbewußtes, Vorbewußtes und Bewußtes in den Schatten und wurden ersetzt durch:

- **ICH**
- **ES**
- **ÜBER-ICH**

Drei Jahre nach dem Tod Sophies starb auch deren vierjähriger Sohn, Freuds Enkel Heinele im Jahre 1923. Sein langjähriger Freund Otto Rank wandte sich wenig später nach einer Auseinandersetzung von Freud ab, und Karl Abraham, sein Stellvertreter am Berliner Institut, das mittlerweile Wien als Mittelpunkt der Psychoanalytischen Bewegung abgelöst hatte, verstarb. Freud empfand zu dieser Zeit das Geschenk, ein hohes Alter zu erreichen, als Belastung. Er mußte mitansehen, daß Kind und Enkelkind starben, daß Freunde ihn verließen und andere den Tod fanden.

In dieser schweren Zeit, geplagt durch gesundheitliche Tiefschläge und psychische Belastungen, stand Freud seine Tochter Anna zur Seite, die sich selbst von 1918-1924 bei ihrem Vater in Analyse befand.

ANNA FREUD,
(1895–1982)

Die damals 30jährige Anna arbeitete als Lehrerin, wollte ihrem Vater nachfolgen, Medizin studieren und den bereits eingeschlagenen Weg und ihre ständige Mitarbeit bei der Vereinigung fortsetzen. Sie sollte während Freuds letzter Lebensjahre zu seiner wichtigsten und engsten Bezugsperson werden und ihn auch bei den wachsenden, heftigen Diskussionen in bezug auf die „Laien-Analyse" unterstützen.

Freud arbeitete trotz aller Schwierigkeiten weiter und veröffentlichte 1927 seine kritische Auseinandersetzung mit der Religion „Die Zukunft einer Illusion". Wie in den Schriften vieler vorangegangener Philosophen und Wissenschaftler, so sah auch Freud „seine" Wissenschaft, die Psychoanalyse, nicht mit Religion vereinbar.

1918 Anton v. Freund vermacht der Psychoanalytischen Bewegung einen größeren Geldbetrag. Freud gründet damit den Internationalen Psychoanalytischen Verlag.

1919 Veröffentlichung von „Ein Kind wird geschlagen" und „Wege der psychoanalytischen Therapie".

1920 Tod des Gönners Anton v. Freund und von Freuds Tochter Sophie. Eröffnung mehrerer psychoanalytischer Institute. Verlagerung des Mittelpunkts der Bewegung von Wien nach Berlin.
Veröffentlichung von „Jenseits des Lustprinzips".

1921 Veröffentlichung von „Massenpsychologie und Ich-Analyse".

1923 Ableben Karl Abrahams und von Freuds vierjährigem Enkel Heinele.
Bei Freud wird Gaumenkrebs diagnostiziert.
Veröffentlichung von „Eine Teufelsneurose im 17. Jhdt." und „Das Ich und das Es".

1924 Ende der Analyse Anna Freuds.
Veröffentlichung von „Der Untergang des Ödipuskomplexes", „Der Realitätsverlust bei Neurose und Psychose", „Das ökonomische Problem des Masochismus" und „Kurzer Abriß der Psychoanalyse".

1925 Otto Rank wendet sich von Freud ab.

1927 Veröffentlichung von „Die Zukunft einer Illusion" und „Fetischismus".

NOBELPREIS – NEIN! GOETHEPREIS – JA!

Freuds letzte Hoffnungen, doch noch zeitlebens den Nobelpreis verliehen zu bekommen, zerschlugen sich, als er 1929 wieder nicht zum Zuge kam.
Er beschäftigte sich mit Malerei und porträtierte historische Persönlichkeiten. Menschen, die auf sein Leben und wissenschaftliches Werk Einfluß genommen hatten. Darunter Michelangelo, Johann Wolfgang von Goethe ...

1930 erhielt Freud eine Auszeichnung der Stadt Frankfurt, den „Goethe-Preis". Diesen konnte er aufgrund seines schlechten Gesundheitszustandes nicht persönlich entgegennehmen. Seine Tochter Anna reiste nach Frankfurt, um in Freuds Namen die Ehrung zu empfangen. Zu dieser Zeit unterhielt Freud regen Briefkontakt mit dem Literaten Stefan Zweig.

STEFAN ZWEIG, (1881–1942)

FREUD UND EINSTEIN – „DIE ZWEI BEDEUTENDSTEN, DAMALS LEBENDEN JUDEN“!

Einstein und Freud lernten einander bereits im Jahre 1926 in Berlin kennen. Ihr Briefwechsel wurde 1932 veröffentlicht, unter dem Titel:

WARUM KRIEG?

Jedoch gelang es den beiden nicht, mit ihren pazifistischen Abhandlungen und visionären Friedenstheorien den nahenden Holocaust abzuwenden. Dabei nahm Einstein den eher optimistischen, Freud hingegen den resignierenden Part ein, nicht zuletzt deswegen, da Freud, bereits sehr geschwächt, sein nahes Ende kommen sah.

ALBERT EINSTEIN, (1879–1955)

„WAS FÜR EIN FORTSCHRITT! IM MITTELALTER HÄTTEN SIE MICH VERBRANNT, HEUTE BEGNÜGEN SIE SICH MIT MEINEN BÜCHERN!“

Freud konnte an seinem Idealbild, dem durch Intelligenz und Erkenntnisvermögen geleiteten Menschen, nicht mehr lange festhalten, da seit der von Adolf Hitler am 30.1.1933 angetretenen Reichskanzlerschaft eher der Verlust von Sachlichkeit und vernunftsorientiertem Verhalten zu befürchten war.

Wenig später, im Mai 1933, gingen in ganz Deutschland nationalsozialistisch Motivierte ans Werk, die Bücher und Schriften von Freud, Kafka, Karl Marx und anderen „Gleichgesinnten“ zu verbrennen. Umso beachtlicher ist, daß Freud gerade in diesen Tagen ein neues Werk veröffentlichte, „Neue Folge der Vorlesungen zur Einführung in die Psychoanalyse“ – eine klare Anweisung, wie mit „Es“, „Ich“ und „Über-Ich“ zu verfahren sei.

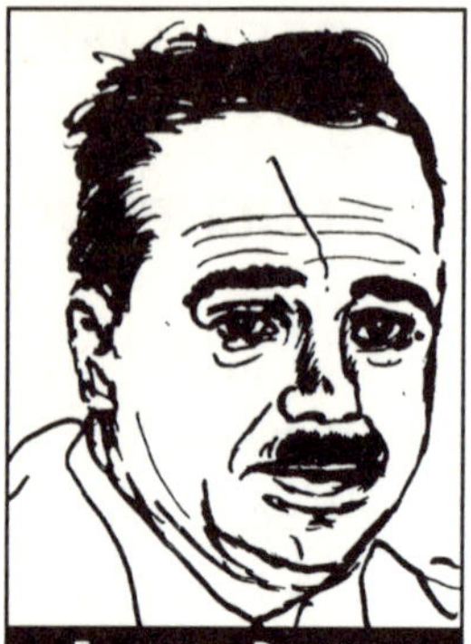
ENGELBERT DOLLFUSS

Noch im März wurde in Wien das Parlament aufgelöst und der Polizeipräsident von Bundeskanzler Engelbert Dollfuß entlassen. Sowohl nationalsozialistische als auch kommunistische Betätigung wurde offiziell verboten.
Im September desselben Jahres versuchte Dollfuß bei seiner Grundsatzrede am Wiener Trabrennplatz, die Bevölkerung für „seinen" Ständestaat zu begeistern.

Als am **12. Februar 1934** die Linzer Parteizentrale der Sozialdemokraten von der Polizei nach Waffen untersucht wurde, wehrten sich die sozialistischen Schutzbündler. In ganz Österreich, besonders in Wien, kam es noch am selben Tag zu blutigen Auseinandersetzungen, die bis zu ihrer Niederschlagung drei Tage andauern sollten. Heimwehr und Polizei gingen dabei sogar mit Artillerie auf die Schutzbündler los, die sich in Gemeindebauten (Karl-Marx-Hof, Goethe-Hof ...) verschanzt hatten. An die 1.500 Schutzbündler hatten in diesen drei Tagen den Tod gefunden.

Am 25. Juli stürmten als Bundesheer-Soldaten verkleidete nationalsozialistische Putschisten das Bundeskanzleramt. Zuvor gewarnt, hielten sich nur noch wenige Menschen im Amt auf, unter ihnen Dollfuß,

der bei dem Versuch zu fliehen erschossen wurde. Der geplante Sturz der Regierung wurde jedoch vereitelt und die Putschisten mußten aufgeben.

1936 erhielt Freud zu seinem 80. Geburtstag eine Ehrenbezeugung in einer Form, wie er sie nie zuvor erfahren hatte. An die 200 bekannte Künstler sandten ihm ihre Glückwünsche und drückten ihre Anerkennung aus. Thomas Mann kam persönlich zu Freud, um die

eigens verfaßte Rede „Freud und die Zukunft" vorzutragen. Selbst die ROYAL SOCIETY of MEDICINE ehrte Freud durch die Ernennung zum Ehrenmitglied.
Freud konnte aber die so lang ersehnte Anerkennung nicht mehr entsprechend genießen, da sich sein Krebsleiden wieder verschlechtert hatte.

In der Zwischenzeit war Freuds Enkel Ernest von Berlin nach Wien gezogen, um Schutz zu suchen. Schutz für die Familie Freud, wie es auch der amerikanische Präsident Roosevelt der amerikanischen Botschaft in Wien angeordnet hatte. Aber auch Mussolini setzte sich für Freud ein, und zwar bei Hitler persönlich. Freud hatte nämlich vor geraumer Zeit eine Bekannte Mussolinis behandelt und Mussolini als Erinnerung damals ein Buch mit persönlicher Widmung geschenkt. Aber die Schonung konnte nicht lange dauern, und das wußte Freud.

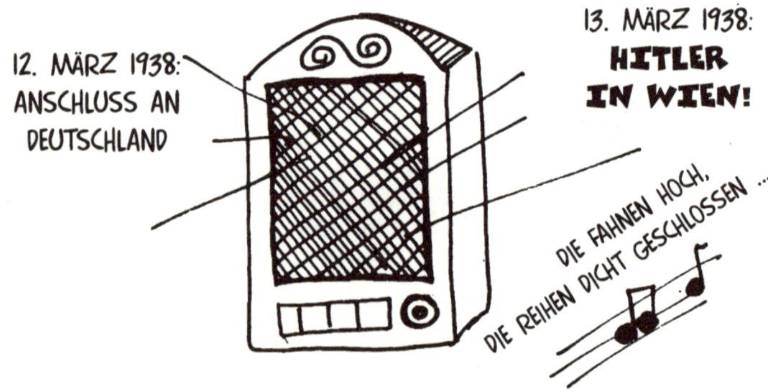

Entgegen Freuds Pessimismus und Resignation wurde das Einreise-Ansuchen nach England befürwortet – Asyl für Familie, Bedienstete und Leibarzt.

DER RETTER BRACHTE SCHRECKEN!

Nachdem von Freud eine „Reichsfluchtsteuer“ verlangt worden war, bei deren Bezahlung ihm die Prinzessin Bonaparte geholfen hatte, nachdem seine Tochter Anna von der Gestapo verhaftet und auf Drängen der Amerikaner wieder freigelassen worden war, und nachdem der Psychoanalytische Verlag zwangsweise in arische Hände übergeben worden war, war es am 3. Juni 1938 endlich soweit. Freud bestieg mit seiner Familie den Orientexpress und verließ Wien, die Stadt, mit der er sich in einer gewissen Haßliebe verbunden fühlte.

MILLIONEN UNSCHULDIGER JUDEN SOLLTEN IN DEN NÄCHSTEN JAHREN IN DEN KONZENTRATIONSLAGERN EIN SCHRECKLICHES, MENSCHENUNWÜRDIGES ENDE FINDEN.

Nach einem halbtägigen Zwischenstopp in Paris setzte die Familie Freud ihre Reise über Calais und Dover bis zu ihrem Endziel nach London fort. Der Freud bereitete Empfang war gigantisch. England war stolz, einen so berühmten Mann im Land begrüßen zu dürfen, und Freud war gerührt und froh zugleich, die weite Reise überstanden und in London eine neue Heimat gefunden zu haben.

Freud arbeitete noch an den abschließenden Kapiteln seines letzten zu Lebzeiten erschienenen Buches „Der Mann Moses und die monotheistische Religion“; er behandelte sogar noch einige Patienten und ließ sich von Prinz Löwenstein nach langem Ringen dazu überreden, das Amt des Präsidenten der Deutschen Akademie im Exil aktiv wahrzunehmen. Sein Gesundheitszustand verschlechterte sich zusehends.

Drei Wochen nach Ausbruch des Zweiten Weltkrieges verstarb Sigmund Freud am 23. September 1939.

Am 23. September 1939 ist

Sigmund Freud

in London gestorben.

1928 Veröffentlichung von „Der Humor“ und „Dostojewski und die Vatertötung“.

1930 Anna Freud übernimmt für ihren Vater in Frankfurt den „Goethe-Preis“. Veröffentlichung von „Das Unbehagen in der Kultur“.

1931 Veröffentlichung von „Über die weibliche Sexualität“ und „Über libidinöse Typen“.

1932 Intensiver Briefwechsel zwischen Freud und Einstein zum Thema „Warum Krieg?“.

1933 Hitler wird am 30. Jänner zum Reichskanzler ernannt. Im Mai führen Nationalsozialisten deutschlandweit Bücherverbrennungen durch. Tod von Ferenczi. Veröffentlichung von „Neue Folge der Vorlesungen zur Einführung in die Psychoanalyse“.

1934 Gefechte zwischen Schutzbündlern und Heimwehr in Österreich. Ermordung von Dollfuß.

1936 80. Geburtstag Freuds. Festrede von Thomas Mann.

1938 Anschluß Österreichs an Deutschland. Auswanderung der Familie Freud – über Paris nach London.

1939 Sigmund Freud stirbt am 23. September. Veröffentlichung von „Der Mann Moses und die monotheistische Religion“.

AUS DEN THEORIEN & LEHREN SIGMUND FREUDS

EIN AUSZUG

SOPHOKLES UND DER HERR VON ÖDIPUS – ODER WIE ALLES BEGANN!

Es war einmal ... vor langer langer Zeit in Theben, als dem damaligen König Laertes ein Sohn geboren wurde. Was tun, dachte sich Laertes und befragte das Orakel von Delphi, wie immer, wenn er nicht weiterwußte.

Darauf wollte der König nicht warten, packte seinen Sohn und brachte ihn in die Wildnis, wo dieser, nachdem seine Füße durchbohrt worden waren, an einem Baum aufgehängt wurde. Seine durchbohrten Füßlein sollten ihm den Namen „Ödipus" (Schwellfuß) einbringen.

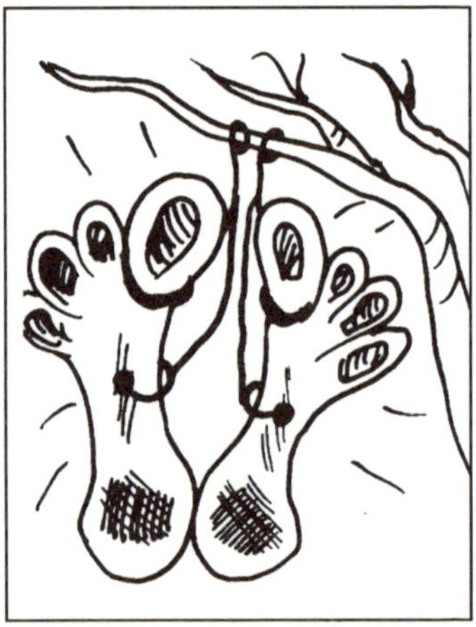

Natürlich wurde das Kind von einem Fremden gefunden und von keinem Geringeren als einem König aufgezogen. Jahre später erfuhr Ödipus von dem Orakel-Spruch und verließ seine Familie, um seinem Vater nicht zu schaden. In der Ferne traf Ödipus auf einen alten Helden, der ihm den Weg versperrte ...

Ohne zu wissen, daß er soeben seinen leiblichen Vater erschlagen hatte, setzte Ödipus seine Reise fort und gelangte zu seiner Geburtsstadt Theben. Vor den Stadtmauern lag dick und fett die alte Sphinx und gab jedem, der passieren wollte, ein Rätsel auf. Alle, die die Lösung nicht wußten, wurden verschlungen. Die selbst einer inzestuösen Verbindung entstammende Sphinx stellte Ödipus folgendes Rätsel:

Durch die richtige Antwort konnte Ödipus die Sphinx entmachten und stürzte sie in den Abgrund. Wie so üblich, bekam der Retter eine Belohnung. Ödipus erhielt das Königreich Theben und als Draufgabe die Hand der Königin, seiner Mutter Jokaste. Es folgten erfüllte Jahre für Theben und auch für Ödipus und Jokaste ...

Doch eines Tages brach die Pest aus und man suchte natürlich sofort Rat beim Orakel.

Als Ödipus Vatermord und Inzucht erkannt hatte, wollte er sich selbst strafen und blendete sich. Noch einige Zeit hielt man ihn gefangen, bis er verbannt wurde und fortan als Bettler herumirren sollte. Seine Tochter Antigone begleitete ihn auf seinen letzten Wegen, bevor er in der Unterwelt Einzug hielt.

* * *

Die Griechen sahen in diesem Mythos ein Beispiel für das unumgängliche Schicksal (gesteuert durch Anakne) – der vorgegebene Weg, den man zu beschreiten hatte. Vom geplanten Vatermord als Mittel, die Gunst der Mutter zu erlangen, war vorweg nichts zu erkennen.

WIR ALLE SIND ÖDIPUS BEREITS BEGEGNET

Freuds Übertragung aus der Mythologie beschreibt, daß es in der Natur eines Knaben liegt, seine Mutter für sich alleine haben zu wollen und daher in seinem Vater den sexuellen Rivalen und Gegenspieler zu sehen, den es zu „beseitigen" gilt. Eifersucht, die Hoffnung auf ein Verschwinden des Vaters oder sogar der Todeswunsch sind normale, unbewußte oder bewußte Gefühlsregungen in diesem Zeitraum.

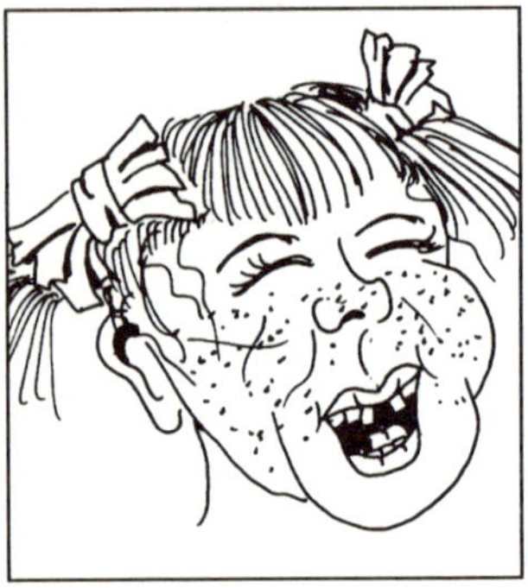

„Papa, wenn ich einmal groß bin, werde ich dich heiraten!

Papa, was geschieht eigentlich, wenn Mama tot ist?"

Ist es in der ersten Lebensphase noch so, daß der Vater für Mädchen und Knaben gleichermaßen Rivale ist, da beide die Nähe, Geborgenheit und Liebe der Mutter suchen, so finden die Kinder im nächsten Schritt ihren Rivalen im gleichgeschlechtlichen Elternteil und zeigen ihre Aggressivität und Unfolgsamkeit diesem gegenüber. Danach drückt sich die nachwievor bestehende Rivalität in einer Art Wettbewerb aus. Der Knabe spielt den erwachsenen Mann und bewundert seinen Vater für seine Stärke, die er auch seiner Mutter

immer mehr beweisen möchte; er will ihr das Gefühl geben, sie beschützen zu können. Das Mädchen versucht hingegen durch Imitieren, die Mutter beim Vater zu übertrumpfen und den ihr angestammten Platz streitig zu machen. Es kommt oft zu einem Anhimmeln des Vaters, und das weibliche Kind spielt dabei die erwachsene verführerische Frau.
Der Ödipuskomplex verliert im Normalfall im Laufe des Erwachsenwerdens immer mehr an Bedeutung. Der Knabe spürt das Erwachen und Wachsen seiner eigenen Kräfte, und das Mädchen empfindet seine Mutter als Freundin. Mit dem Einsetzen der Pubertät verlieren die Eltern an Präsenz und Einfluß. Die Kinder beginnen sich für neue andersgeschlechtliche Partner zu interessieren und gehen Partnerschaften ein.

DOCH NICHT SELTEN WIRD ES ABNORMAL

Der Knabe liebt seine Mutter, das Mädchen seinen Vater – beide jedoch fühlen sich bei dem Wunsch nach Eliminierung des gleichgeschlechtlichen Elternteils:

SCHULDIG!

Kinder versuchen bei solchen unbewußt auftretenden Schuld- und Angstgefühlen, die Verzeihung des Rivalen zu erlangen und Zustimmung und Lob zu bekommen, beziehungsweise sogar bewundert zu werden. Oder sie ordnen sich dem Rivalen unter, um den Konflikt zu vermeiden, „demütigen“ sich oder signalisieren eine „starke Kindlichkeit“ (Hilfsbedürftigkeit).

Der Knabe tut dies, indem er dem Vater Schmeicheleien entgegenbringt und versucht, ihm „nach dem Munde“ zu reden.

Das Mädchen, indem es entweder ihre Weiblichkeit im Übermaß zu unterstreichen versucht , um vom Vater den Schutz, die benötigte Zuwendung als Ausgleich für die „Schuld“ zu bekommen. Oder es entgeht dem Konflikt durch das Vorhaben, den Vater zu imitieren, somit „männlicher“ zu werden, um so der weiblichen Rivalität mit der Mutter zu entgehen.

ALS ERWACHSENE ...

versuchen Männer mit nicht bewältigtem Ödipus-Komplex im Berufsleben allen männlichen Vorgesetzten zu „gefallen“. Sie sehen in ihnen ihren Vater, der bei ihnen Schuldgefühle auslöst; sie scheuen den Konflikt und versuchen erneut durch Unterordung und Schmeichelei zu der ersehnten Bewunderung und Zuwendung zu gelangen. Anderenfalls wird der Komplex durch eine übersteigerte Aggressivität überdeckt.

Frauen hingegen haben ihr Problem mit anderen Frauen, wenn sie, durch die Vermännlichung in ihrer Kindheit, nun versuchen, diese zu dominieren. In der Beziehung zu Männern suchen sie „kindlich“ entweder Schutz oder sind durch ihre Vermännlichung am Mann nicht interessiert.

KASTRATIONS- ODER DIANA-KOMPLEX

Nicht selten treten neben dem Ödipus-Komplex auch der Kastrations- beziehungsweise der sogenannte Diana-Komplex auf.

Dem letzteren gab Diana, die Göttin der Jagd, ihren Namen. Im Gegensatz zum Knaben, der beim Kastrationskomplex den Stolz und die Überlegenheit durch das Vorhandensein seines Penis' genießt, kann sich beim Mädchen das Gefühl einer Unterlegenheit entwickeln – weil es keinen Penis hat. Oft wird diese fatale Situation durch verantwortungslose Bemerkungen und Witze der Erwachsenen verstärkt:

**„Eigentlich schade,
daß es nur ein Mädchen geworden ist!"
„Nein, da wächst nichts,
weil du nicht brav warst!"**

Daraus kann resultieren, daß das Mädchen alle Männer beneidet und ihr eigenes Geschlecht für seine Minderwertigkeit haßt. Zum Ausgleich wird das Mädchen bemüht sein, sich möglichst männlich zu entwickeln und dies nachdrücklich und so oft als möglich (besonders als Erwachsene) unter Beweis zu stellen.

Ähnlich, nur umgekehrt, das Verhalten der Knaben, bei denen die Form des Komplexes

KASTRATIONS-KOMPLEX

heißt. Damit wird die oft unbewußte Angst der Kinder beschrieben, ihre Geschlechtsorgane zu verlieren. Sei es, daß sie beim Anblick eines nackten Mädchens denken, dieses hätte seine Geschlechtsorgane bereits verloren und befürchten, ihnen selbst könnte ähnliches widerfahren. Wie beim Diana-Komplex, wird diese Angst auch oft durch die Aussagen erwachsener Bezugspersonen verursacht und verstärkt.

Die Folgen sind sexuelle Probleme, Impotenz und fehlende Männlichkeit ...

DIE TRIEBE ENTSCHEIDEN!

Freud war davon überzeugt, daß wir alle von unseren Trieben geleitet werden, und diese wiederum für viele psychische Abweichungen und Störungen die biologische Basis bilden. Freuds Überzeugung war, daß Triebe nicht anerzogen oder erlernt sind, sondern bereits seit der Geburt in uns schlummern und eine Art psychischer Energie darstellen, die in einem Spannungssystem zu unseren Organen steht. Eben diese Spannungsfelder, Erscheinungsformen und verschiedenen Ausdrucksmöglichkeiten der Triebe und deren Auswirkungen sind es, mit denen sich die Psychoanalyse zentral beschäftigt.
Freud unterschied im wesentlichen zwischen zwei Trieben, die für ihn die Basis unseres Handelns bilden:

1. DER SELBSTERHALTUNGSTRIEB

2. DER SEXUALTRIEB

Der Selbsterhaltungstrieb bezieht sich auf das Ich, beziehungsweise auf die grundlegenden körperlichen Bedürfnisse, wie Hunger, Durst ...
Der Sexualtrieb, dem Freud in seinen Forschungen mehr Aufmerksamkeit schenkte und diesem auch den Namen „Eros“ gab, dient zur Arterhaltung und steuert unser sexuelles Verlangen.

Der zentrale Begriff in der Sexualtheorie Freuds war die

! LIBIDO !

Darunter verstand er die Quelle aller sexuellen Energien und Handlungen - als einen Motor also, der unser Verlangen so steuert, stets einen angenehmen Gefühlszustand zu erreichen. Dieses Verlangen kann nun entweder auf direktem Wege, durch aktive Betätigung, seine Befriedigung erfahren oder auf indirektem Wege in Form von Träumen oder Phantasien ausgelebt werden.

Freud machte bereits zu Beginn seiner Forschungsarbeit Erfahrungen mit der Tragweite der sexuellen Triebe. Es war die Zeit, als er mit Breuer zusammenarbeitete, Patienten behandelte und die Ursprünge für Hysterien herauszufinden versuchte.

Damals berichteten ihm seine neurotischen Patienten von schrecklichen Erlebnissen auf sexueller Ebene, die sich in ihrer Kindheit ereignet hatten.

Freud erkannte schließlich, daß Neurosen und Hysterien nicht ausschließlich auf sexuelle Erlebnisse (Mißbrauch) in der Kindheit zurückzuführen sind, sondern auf unterschiedliche Ursachen hinweisen. Diese ursächlichen Erlebnisse stehen in einem direkten, vorbestimmten (determinierten) – also in einem kausalen Zusammenhang zu den Symptomen.

Daraus entwickelte er die Theorie des

PSYCHISCHEN DETERMINISMUS

Das Auftreten von Blindheit führte Freud zum Beispiel auf den inneren Wunsch zurück, ein erlebtes, betrachtetes Ereignis aus der Kindheit ungeschehen – **„ungesehen"** – machen zu wollen. Durch die Erblindung würde auch noch ein zweites Bedürfnis befriedigt, nämlich im Mittelpunkt zu stehen, bedauert zu werden und Mitgefühl sowie Zuwendung zu erhalten – Gefühle, die der Patient in seiner Kindheit wahrscheinlich entbehren mußte.

Jahre später, während der Schreckenstage des Ersten Weltkrieges, erweiterte Freud seine Triebtheorie um den damals von ihm erkannten, maßgeblichen dritten Trieb:

3. DER TODESTRIEB

Diesem Trieb begegnete er bei der Behandlung von Kriegsneurosen und stellte fest, daß der Todestrieb (Thanatos) verantwortlich für die Destruktivität und Aggressivität der Menschen und den eigenen Todeswunsch ist.

SEXUALITÄT UND PSYCHE

Unter Moral versteht man im wesentlichen das System, das auf sittlichen Grundsätzen, auf Tradition und Gesellschaft sowie auf religiösen Glaubenssätzen basiert und zu unterschiedlichen Zeitpunkten unser zwischenmenschliches Verhalten unterschiedlich bestimmt und regelt – das Urteilen über „FALSCH“ und „RICHTIG“ und das Handeln unter Berücksichtigung der Rechte unseres Gegenübers.

Sigmund Freud fand Begeisterung an der Forschung nach der Motivation, die zu moralischem Handeln führt. Dabei stellte er fest, daß Kinder im Laufe ihrer Entwicklung moralische Werte, verschiedene Auffassungen und Normen übernehmen und verinnerlichen (Internalisierung), um Tadel und Bestrafung zu vermeiden.

Freud gliederte seine Stufentheorie über die psychosexuelle Entwicklung nach den unterschiedlichen Befriedigungsarten (Stimulation verschiedener Körperteile), die in den aufeinanderfolgenden Lebensphasen erfolgen:

1. DIE ORALE PHASE

In diesem ersten Zeitabschnitt ist der Mund diejenige Körperzone, über die der Lustgewinn stattfindet – eine Befriedigung durch Nahrungsaufnahme und In-den-Mund-Nehmen verschiedenster Gegenstände, um diese zu erkunden.

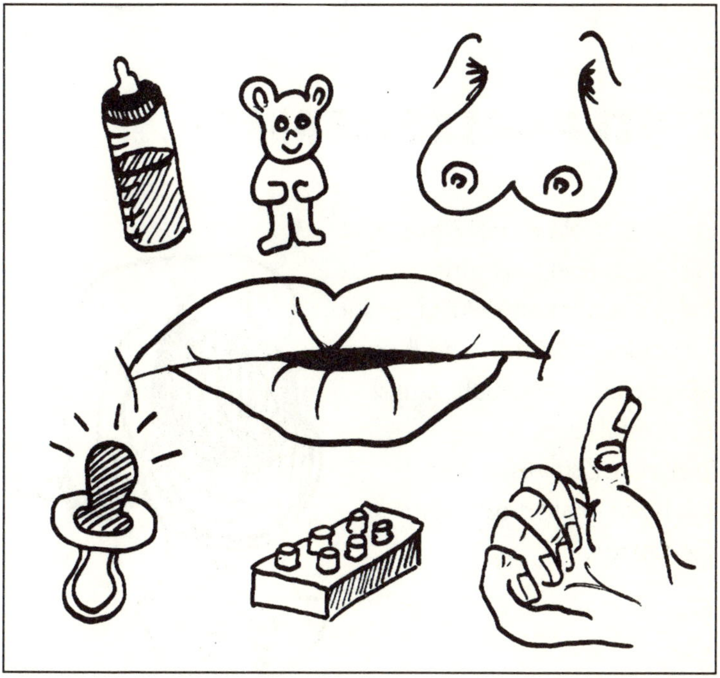

2. DIE ANALE PHASE

Im Alter von ca. zwei Jahren wird die Befriedigung durch das Ausscheiden bzw. das Zurückhalten der Exkremente erlangt.

3. DIE PHALLISCHE PHASE

Im darauffolgenden Abschnitt zwischen drei und fünf Jahren beginnen die Kinder ihr Geschlechtsorgan und ihren Körper zu untersuchen und zu stimulieren.
In dieser Zeit erwachen auch die ersten ödipalen Gedanken.

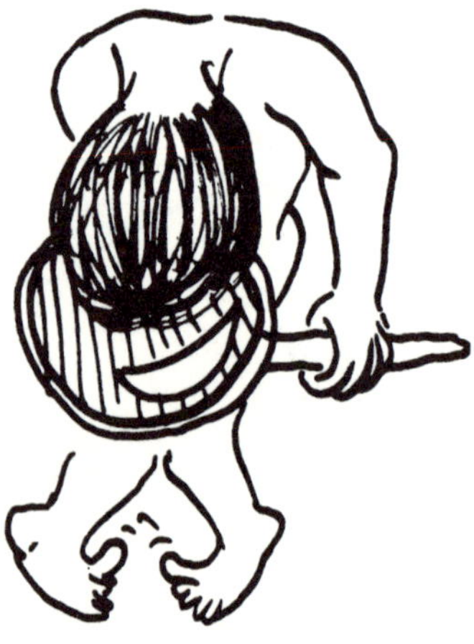

4. DIE LATENZPHASE

Es setzt eine Art Ruhepause in bezug auf die psychosexuelle Entwicklung ein. Diese dauert ungefähr vom sechsten bis zum zehnten Lebensjahr, bis zum Einsetzen der Pubertät. In dieser Phase richtet das Kind seine Aufmerksamkeit auf seine Umgebung, um diese zu erkunden und aus ihr zu lernen, sowie auf den Ausbau der eigenen Fähigkeiten.

5. DIE GENITALE PHASE

Mit der einsetzenden Pubertät und das dadurch beginnende Interesse an der sexuellen Kontaktaufnahme wird die letzte Phase eingeleitet.
In dieser verlieren die Kinder auch üblicherweise den mehr oder weniger zum Ausdruck gelangten Ödipus-Komplex.

Freuds Stufenmodell der psycho-sexuellen Entwicklung wird auch heute noch teilweise angewendet, ist aber, wie auch andere Theorien Freuds, umstritten, da aussagekräftige Testreihen oft nicht durchführbar sind und dadurch Freuds Rückschlüsse nicht beweisbar werden.

Freud richtet bei seinen Untersuchungen, die der Festlegung der verschiedenen Entwicklungsstufen vorangingen, sein Hauptaugenmerk auf Gespräche mit Erwachsenen, kaum auf Kinder (abgesehen von den Erfahrungen mit seinen eigenen).

Aus diesen Sitzungen erkannte er, daß Kinder, die zuviel Zuwendung erhielten oder zuviele Frustrationserlebnisse hatten, über einzelne Entwicklungsstufen nicht hinauskamen. Dieses Verhaltensbild bezeichnete er als

FIXIERUNG,

ein Steckenbleiben in einer bestimmten Entwicklungsphase. Die Folgen sind nicht altersgemäßes Verhalten, das im Erwachsenen-Alter seine Ausdrucksform im Charakter findet.

So erkannte Freud zum Beispiel eine „Orale-Fixierung" bei Erwachsenen am gesteigerten Suchtverhalten:

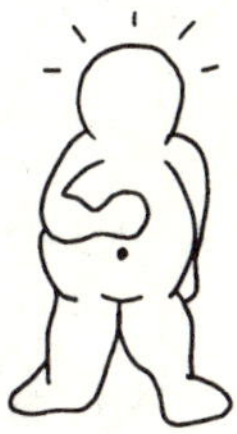

- Drogen
- Nikotin
- Essen
- Alkohol
- erhöhter Redefluß
- psychische Abhängigkeit von bestimmten Menschen

DAS UNBEWUSSTE – EIN UNANGENEHMER MITBEWOHNER!

Alles begann damit, daß Freud den Begriff des Unbewußten neu definierte und publik machte. Ein Begriff, der bereits in der Philosophie des vorigen Jahrhunderts bekannt war, jedoch als unzulänglich abgetan wurde.

Freud war es, der dem Unbewußten eine besondere Bedeutung zusprach und seine Meinung öffentlich vertrat. Er sprach von einem Riesenozean, der in unserem Inneren vorhanden und von dem lediglich ein kleiner Teil erforscht sei. Nicht verwunderlich, daß die Menschen plötzlich erstaunt und verunsichert waren und sich bedroht fühlten. Glaubte man doch, als rational denkender Mensch, sich selbst und somit auch seine Psyche jederzeit unter Kontrolle zu haben ...

Das Unbewußte nahm also eine zentrale Position in Freuds Psychoanalyse ein. Es ist mit einem unheimlichen, finsteren Mitbewohner zu vergleichen, der unter anderem auch unsere Träume und Wünsche unter Kontrolle hat.

Freuds Überzeugung basierte auf seinen Erfahrungen, die er bei Hypnose-Behandlungen in seiner Praxis gemacht hatte. Daß nämlich während einer Hypnose gegebene Befehle später im Wachzustand ausgeführt wurden. Den Patienten war der Grund für ihre Taten offensichtlich **nicht bewußt**.
Dies überzeugte Freud von der Existenz des Unbewußten – eines Teiles der Psyche, der sich nicht im Bewußtsein befinden konnte.

Freud definierte darauf das Unbewußte in zwei Formen:

1. UNBEWUSSTES

Darunter verstand er die Vorgänge, die unser Verhalten maßgeblich beeinflussen und das am Grund unserer Psyche sitzende tabuisierte Verlangen und die verdrängten Erlebnisse in einer geänderten (sublimierten) und manchmal auch symbolhaften Form zum Ausdruck (ins Bewußtsein) bringen.

2. VORBEWUSSTES

Was Freud als Vorbewußtes bezeichnete, sind die knapp unter dem Bewußtsein liegenden Gedanken, wie Personennamen, Geburtstage, Telefonnummern ..., die durch äußere Hilfen schnell wieder ins Bewußtsein gelangen können.

Der Begriff „Psychischer Apparat“ stammt daher, daß Freud anfänglich die Psyche als Maschine darstellte und beschrieb. Er sprach von „Druck“, „Hydraulik“ und „Energie“ ...

Freud erkannte aber bald, daß es noch weitere „Mechanismen“ im Bewußtsein geben müsse, die für die Verdrängungsvorgänge verantwortlich sind, und strukturierte die Persönlichkeit in folgende drei Bereiche:

DAS ES

Das „Es“, auch Unterbewußtes genannt, beherbergt die primären Triebe sowie das Reservoir der Instinkte, der Gewohnheiten und der Erinnerung, weiters vergessene Empfindungen, Komplexe und Verdrängtes.
Das „Es“ ist dafür verantwortlich, daß wir in bestimmten Situationen intuitive Handlungen durchführen, ohne diese im Moment rational zu bewerten („Es ist stärker als ich ...“, „Es drängt mich dazu ...“ u.s.w.).

Das „Es“ steht in enger Verbindung zum allgemein Unbewußten und fordert aus der Situation heraus, zur

unmittelbaren Befriedigung zu gelangen, ohne dabei Moral, Erziehung oder andere Schranken zu berücksichtigen. Es ist das Streben nach Lustgewinn (**Lustprinzip**) – sei es in sexueller, emotionaler oder physischer Hinsicht.
Das Vorhandensein von unterbewußten „Sendern" wird erst durch das fallweise An-die-Oberfläche-Gelangen von Symptomen bemerkbar. Zum Beispiel kann es bei Personen in wiederkehrenden Situationen wiederholt zu Angstzuständen kommen – die Angst selbst ist aber nicht die Krankheit, sondern lediglich das Symptom einer unterschwellig im „Es" schlummernden Unregelmäßigkeit.

DAS ICH

Im „Ich“ sitzt der realitätsorientierte Teil unserer Persönlichkeit. Dieser befindet sich in einem ständigen Konflikt, einem Abwägen zwischen den Bedürfnissen des „Es“ und des „Über-Ich“, unter Berücksichtigung der möglichen Folgen einer Handlung.

Das „Ich“ wird vom **Realitätsprinzip** reguliert, was bedeutet, daß lustorientierte Wünsche unter rationale Entscheidungen gestellt werden. Daher kommen, wenn die zu befriedigenden Wünsche und Forderungen des „Es“ zu massiv sind, verschiedene Abwehrmechanismen des „Ich“ zum Einsatz. Deren häufigste Ausdrucksform ist die

VERDRÄNGUNG

Darunter versteht man das Vergraben von starken Konflikten (auf mächtigen Forderungen des „Es“ basierend) in den dunklen verborgenen Höhlen des Unterbewußtseins. Damit soll ein Vordringen ins Bewußtsein verhindert werden.

Die Abwehrmechanismen des „Ich“ können auch in anderen Formen auftreten, einige davon sind:

PROJEKTIONEN

Das Übertragen von eigenen Wünschen und Gefühlen, die man nicht selbst zu erfüllen imstande ist beziehungsweise deren Befriedigung man rational nicht billigt, auf andere.

REAKTIONSBILDUNG

Um die Angst in bezug auf einen bestimmten Sachverhalt nicht zulassen zu müssen, werden gegenteilige Gefühle und besondere Zuwendung als Schutz aufgebaut.

KOMPENSATION

Darunter versteht man die Überbetonung eines positiven Gefühls, die Hinwendung zu einer angenehmen Situation, um die eigene Schwäche auf einem anderen Gebiet zu kaschieren.

INTROJEKTION

Die Übernahme von äußeren Wertvorstellungen ins „Ich", um diese nicht mehr als unangenehmen Einfluß von außen empfinden zu müssen und diese Normen auch vor sich selbst rechtfertigen zu können.

VERSCHIEBUNG

Das Entladen von aufgestauten Emotionen auf Personen und Objekte, die nicht der eigentliche Verursacher sind und die vor allem einen ungefährlichen Eindruck auf das „Ich" machen.

PHANTASIEN

Das in der Vorstellung (Tagtraum) vorhandene Erfüllen unbefriedigter Bedürfnisse.

EMOTIONALE ISOLIERUNG

Die Flucht in eine Passivität, um möglichen Auseinandersetzungen mit Situationen zu entgehen, die erneut psychische Verletzungen bewirken könnten.

RATIONALISIERUNG

Die vernunftsorientierte Rechtfertigung für ein irrationales oder triebbedingtes Verhalten.

DAS UEBER-ICH

Das „Über-Ich“ ist gewissermaßen dem Gewissen gleichzusetzen. Es enthält die Werte (erworbene, anerzogene, vererbte) und die Idealvorstellung in bezug auf die eigene Person, das „Ich-Ideal“.
Das „Über-Ich“ ist demnach auch die innere Stimme, die uns hilft, über „GUT und SCHLECHT“, über „RICHTIG und FALSCH“ und über „DÜRFEN oder NICHT DÜRFEN“ zu entscheiden – eine Zensurstelle, die sowohl die instinktbedingten Forderungen des „Es“ und die rationalbedingten Forderungen des „Ich“ auf die Vertretbarkeit gegenüber den moralischen Werten überprüft.

TRÄUME – DIE WEGE INS UNBEWUSSTE!

Die von Freud zu psychoanalytischen Zwecken entwickelte Traumdeutung hat ganz eindeutig nichts mit deren volkstümlicher Version oder irgendwelchen präkognitiven Schauungen zu tun.

Freud erkannte, durch die Träume ein Tor zum Unbewußten gefunden zu haben. Er sah die Träume als Äußerungen oder Hilfe-Rufe aus dem „Es", dem Unbewußten. Gefühle und Bedürfnisse treten hervor, die im wachen Zustand von den Schranken des „Ich" und des „Über-Ich" nicht durchgelassen beziehungsweise verdrängt werden. Doch selbst im Traum kommt es vor, daß Motive aufgrund ihrer Unannehmbarkeit nur in verschlüsselter symbolhafter Form auftreten.
Man unterscheidet zwischen zwei Formen von Trauminhalten:

Manifeste Trauminhalte
sind diejenigen, an deren Inhalt wir uns nach dem Aufwachen erinnern können.

Latente Trauminhalte
sind die den manifesten Trauminhalten zugrundeliegenden Motive (Hintergründe).

Versuchen nun Psychoanalytiker, die versteckten Motive zu finden, so kann dies nur in intensiver Zusammenarbeit

FREIE ASSOZIATION

Die Vielfalt der Antworten wird Sie überzeugen, wie unterschiedlich auch die Symbole in den Träumen gedeutet werden können. Schreiben Sie Worte oder Ihre Empfindungen zu den unten angeführten Begriffen auf, die Ihnen spontan dazu einfallen. Ein „Richtig" oder „Falsch" gibt es dabei nicht! Machen Sie den Test selbst und ersuchen Sie danach Personen aus Ihrem Bekanntenkreis dies ebenso zu tun.
Vergleichen Sie anschließend die Antworten und versuchen Sie die Hintergründe dafür zu finden!

Wildbach	
Sonne	
Gott	
Mutter	
Baum	
Liebe	
Vater	
Schloß	
Blume	
Kindheit	
Schule	
Tod	
Wald	
Kaktus	
Geburt	

mit dem Patienten geschehen. Erst die Erzählungen mehrerer Träume (wiederkehrende Parallelen), die Assoziationen des Patienten zu verschiedenen in den Träumen vorkommenden Symbolen, Berichte über unerfüllte persönliche Wünsche – positiven als auch negativen Inhalts –, und die eigene Vergangenheit (bis zur Kindheit!) sowie die gegenwärtigen Lebensumstände können einen näheren Aufschluß über die wahren Hintergründe geben.

Ein allgemeingültiges Übersetzungschema für die Traumsymbolik kann es daher nicht geben, hängt es doch auch von Alter, Geschlecht, Bildungsgrad u.s.w. ab. So könnte ein im Traum vorkommender **WALD** als Feind, Ruhestätte, Ewigkeit, Schutz, um sich zu verstecken, Angst vor Verborgenem, oder einfach als im Traum vorkommende Bäume gedeutet werden ...

Ein Traumbeispiel sei kurz erwähnt, das sich mir selbst darbot, als ich dieses Buch schrieb und nur noch wenige Tage bis zum Abgabetermin hatte:

„Ich befinde mich im Gymnasium, im Klassenzimmer der zehnten Schulstufe und rutsche auf meinem Sessel hin und her, fühle mich beengt. Es ist Psychologie-Unterricht, die Lektoratsleiterin des Böhlau Verlages erscheint als Professorin und gibt uns nahezu unbewältigbare Hausaufgaben. Ich überlege, wie ich diese wohl erledigen soll, wo ich doch noch für den nächsten Mathematiktest zu lernen hätte. Am Fenster ein stetes rhythmisches Klopfen ..."

Nun, dabei handelte es sich um einen relativ leicht zu deutenden Traum mit nur wenigen Symbolen, der folgendermaßen gedeutet werden kann:

„Der Psychologie-Unterricht steht stellvertretend für dieses Buch, an dem ich gerade schreibe. Der nahende Abgabetermin erfüllt mich mit Unbehagen und Streß – ich fühle mich durch den Termin beengt. Die Lektoratsleiterin erscheint als Professorin (Autoritätsperson) und gibt vor, was bis wann zu geschehen hätte.

Im Gymnasium war meine Psychologie-Professorin auch gleichzeitig mit dem Mathematik-Unterricht betraut. Daher die passende Überleitung zu den Tests, die stellvertretend für das nächste Buch „Albert Einstein für Einsteiger" stehen könnten.

Das Klopfen am Fenster könnte das Ticken der Zeit darstellen, die zu schnell vergeht, und das Fenster selbst für den Wunsch stehen, meinen Schreibtisch einmal verlassen und hinaus in die Natur zu wollen. Daß sich diese Szene eben in der 10. Schulstufe ereignete, kann damit zu tun haben, daß es die Zeit war, in der meine

Mutter verstarb – eine Zeit des Nach-Hilfe-Suchens – Hilfe, um die Aufgabe, den Abgabetermin einzuhalten, bewältigen zu können."

SEXUELLE ERREGUNG – EIN UNANGENEHMER ZUSTAND?

Freud postulierte, daß unsere psychischen Vorgänge (im „Es“) durch das Lustprinzip reguliert werden. Alle unlustvollen Spannungen fordern ein Reagieren, ein Handeln, das als Endziel einen Spannungsabfall zur Folge hat. Das kann entweder durch das Vermeiden von Unlust oder durch das Erzeugen eines lustvollen Zustands passieren.

„**Homöostase**“ war das Zauberwort, das Freud verwendete, um den Zustand zu beschreiben, in dem sich unsere Psyche am wohlsten fühlt – ein stabiles Gleichgewicht, ein Ruhezustand.

Wir versuchen instinktiv alle Veränderungen zu vermeiden, damit es uns gut geht.

Einerseits definierte Freud Lust als das Nichtvorhandensein von Unlust. Andererseits sprach er aber auch davon, daß Lust gleichzeitig auch Unlust sein kann. Das ist folgendermaßen zu erklären:
Betrachten wir zum Beispiel den sexuellen Bereich, so können wir den Erregungszustand als Anspannung erkennen. Davon ausgehend, daß Anspannung mit Unlust gleichzusetzen ist, müßte der von uns als lustvoll empfundene sexuelle Erregungszustand eigentlich ein Zustand massiver Unlust sein. Der Grund, warum wir aber trotzdem daran Gefallen finden, ist unser

Wissen, daß das Endergebnis eine Spannungsabgabe (Entladung) ist. Wir setzen uns also gezielt einem unlustvollen Zustand aus, in der Hoffnung, durch den darauffolgenden Spannungsabfall Lust zu erfahren – dabei steigern wir die Unlust, da wir wissen, daß höhere Spannungsentladungen uns auch ein höheres Lustgefühl bringen.

DAS REALITÄTSPRINZIP

Oft muß der Lustgewinn aufgrund äußerer Umstände (Realität) zurückstehen, um durch einen etwaigen Spannungsabbau keine negativen Folgen zu bewirken.

In „Jenseits des Lustprinzips" fügte Freud seinen Theorien über die Lust noch einen wichtigen Bestandteil hinzu:

DIE WIEDERHOLUNG

Damit beschrieb er zwei unterschiedliche Absichten, die unsere Psyche unter dem vorhandenen Wiederholungszwang verfolgt.

Einerseits erkannte Freud, daß wir bestrebt sind, Situationen zu wiederholen und zu Örtlichkeiten zurückzukehren, die bei uns starke psychische Eindrücke (Traumata) hinterlassen haben. Ziel ist es, Verdrängtes aufzuarbeiten und durch die Wiederholung zu lernen, um bei einer erneuten Konfrontation psychisch besser vorbereitet zu sein:

- Übeltäter, die an den Ort ihres Verbrechens zurückkehren.

- Frauen, die wiederholt Beziehungen mit gewalttätigen Männern eingehen.

- Personen, deren Partner(innen) immer wieder Alkoholiker(innen) sind ...

Den zweiten Grund für Wiederholungen vermutete Freud in der Tatsache, daß wir zum Zwecke der Unlust-Vermeidung (wie bereits erwähnt) bestrebt sind, Veränderungen zu meiden und daher versuchen, einen angenehmen Zustand zu bewahren.
Er meinte sogar, daß es intuitiv in uns steckt, uns selbst nicht verändern (entwickeln) zu wollen. Die trotzdem stattfindende Entwicklung verstand er lediglich als Reaktion auf externe Einflüsse.

Bei denjenigen Personen, die ein ehrgeiziges Verhalten an den Tag legten, erkannte Freud lediglich das Vorhandensein einer Sublimierung – eine übersteigerte Zuwendung zu einer Sache (Arbeit, Kind ...), die in keinem unmittelbaren Zusammenhang mit der wahrscheinlich vorhandenen psychischen Belastung steht.

„Ödipus-Komplex“, „Über-Ich“, „Unbewußtes“, „Trieblehre“ – alle diese Begriffe sind untrennbar mit Sigmund Freud verbunden.
Haben Sie nun „LUST“ bekommen, sich näher mit der einen oder anderen Theorie Freuds zu beschäftigen? Oder konnte Ihnen dieses Buch auch dabei helfen, Ihre eigenen Motivationen besser zu verstehen und Ihnen die Hintergründe für das Verhalten Ihrer Mitmenschen ein wenig zu offenbaren?
Die wohl bahnbrechenden Gedankengänge und Schlußfolgerungen Freuds zeigen also, daß alle Reaktionen, Empfindungen und Handlungen nicht zufällig ablaufen, sondern auf bestimmten psychischen Vorgängen beruhen.

Mein Tip für den Alltag:
„Miteinander zu sprechen kann psychische Krankheiten verhindern und bereits bestehende Blockaden beheben!“

BIS ZUM NÄCHSTEN MAL!

OSSI HEJLEK

Isabella Ackerl. Die Chronik Wiens. Chronik Verlag. Dortmund 1988.

Wilhelm Bitter, Geist und Psyche. Freud, Adler, Jung. Einführung in die Tiefenpsychologie für Theologen, Mediziner und Pädagogen. Kindler Verlag. München 1977.

Thomas Chorherr. Große Österreicher. Verlag Carl Ueberreuter. Wien 1994.

Chronik der Weltgeschichte. Verlag das Beste Stuttgart Zürich Wien. Stuttgart 1996.

Pierre Daco. Psychologie für jedermann. Weltbild Verlag. Augsburg 1994.

Das Dritte Reich. Ein Volk, ein Reich, ein Führer. Band 1 u. 2. John Jahr Verlag. Hamburg 1975.

Hans Dollinger. Weltgeschichte auf einen Blick. Verlag Ploetz Freiburg. Würzburg 1988.

Eckart. Geschichte der Medizin. Springer-Verlag Berlin Heidelberg New York. Berlin 1998.

Sigmund Freud. Drei Abhandlungen zur Sexualtheorie. Fischer Taschenbuch Verlag. Frankfurt am Main 1991.

Sigmund Freud. Massenpsychologie und Ich-Analyse. Die Zukunft einer Illusion. Fischer Taschenbuch Verlag. Frankfurt am Main 1997.

Sigmund Freud. Abriß der Psychoanalyse. Einführende Darstellungen. Fischer Taschenbuch Verlag. Frankfurt am Main 1994.

Sigmund Freud. Die Traumdeutung. Fischer Taschenbuch Verlag. Frankfurt am Main 1991.

Sigmund Freud. Schriften über Kokain. Fischer Taschenbuch Verlag. Frankfurt am Main 1996.

Sigmund Freud. Schriften über Liebe und Sexualität. Fischer Taschenbuch Verlag. Frankfurt am Main 1994.

Hans-Martin Lohmann. Sigmund Freud. Rowohlt Taschenbuch Verlag. Reinbek bei Hamburg 1998.

M. Macrone. Heureka! Das archimedische Prinzip und 80 weitere Versuche, die Welt zu erklären. Deutscher Taschenbuch Verlag. München 1998.

Georg Markus. Sigmund Freud und das Geheimnis der Seele. Die Biogaphie. Langen Müller. München 1989.

Geoffrey Parker. Große Illustrierte Weltgeschichte. Buchgemeinschaft Donauland. Wien 1995

J. Rattner, G. Danzer. Hundert Meisterwerke der Tiefenpsychologie. Primus Verlag/Wissenschaftliche Buchgesellschaft. Darmstadt 1998.

Philip G. Zimbardo. Psychologie. Springer-Verlag Berlin Heidelberg New York. Berlin 1998.

A

B

C

D

E

F